ひょうご雑学100選

先崎　仁

五国の魅力
～摂津・播磨・丹波・但馬・淡路～

はじめに

昔、都《みやこ》が置かれた奈良、大阪、京都には一定のイメージは浮かぶが、同じ近畿圏にあり、一時的にでも都が置かれた兵庫県については、どんなイメージが持たれているのか。

「兵庫ってどんな所？」と訊かれたら、しばらく考えて「山も海もあるし、自然豊かで、身近にスキー場や海水浴場もあるよ」「神戸ステーキやスイーツなど、美味しい食べ物も多い」「高校球児の憧れ、甲子園球場がある」「スポーツや産業でも日本初、日本一が多い」「古代から人の往来が多く、彼らの足跡が色濃く残っている」など、あれもこれもと、百出するかもしれない。それほどひと口には言えない多面性、多様性を秘めた地域とも言えるのではなかろうか。

いまでは地理的、人口分布、経済面などでも日本の縮図、と言われてもいるのだ。ご存じのように、兵庫県は本州を真二つに横断するように、日本海と瀬戸内海（太平洋）に接している。当然ながら日本海側と瀬戸内海側とは、気候風土や生活環境、産業、気質なども異なる。また日本で一番低いとされる分水界があるので、人や物資ばかりではなく、動植物までが、容易に移動したのも利点になった。朝鮮半島から、多くの渡来人がやって来て、各地にその足跡を残したことも付け加えたい。

さらに旧国名の摂津、播磨、丹波、但馬、淡路の五か国にまたがる広域でもある。日本海側を往来する山陰道と、瀬戸内海側を往来する山陽道という交通の要衝でもある。

このように主要な流通路を掌握しているのも、兵庫県の大きな特徴であろう。古墳や遺跡、ため池が日本一多いのは、古くからこの地域を有力な豪族らが支配し、多くの人たちが暮らしていたから、とも言える。

明治時代に入り、神戸港が開港し西洋化が急速に進むと、混迷の中で人々は、進取の気性で、時代に合わせる柔軟さも示した。

大正時代には、関東大震災で首都圏が大打撃を受けたことから、廃案にはなったものの、加古川市に首都を移転する案が検討された。兵庫県が安定した地域と見なされたのだ。

第二次世界大戦後は、阪神、播磨の二大工業地帯を擁して、高度経済成長の原動力にもなり、地域経済に大きく貢献したが、産業構造の大きな変化で、次第に形を変えた。それに追い打ちをかけたのが、平成7（1995）年に襲った未曾有の兵庫県南部地震（阪神・淡路大震災）。大きな被害を受けたが、外観的には回復してきたかに見える。

一方で県内には、先端技術の研究施設や企業も多い。ニュースポーツや地元の食のアピールなどで、地域活性化も目立っている。

ただ、日本はかつてのような高度経済成長を期待できず、そのうえ少子高齢化という、新たな課題にも直面している。日本の縮図と言われる兵庫県も、他人事ではない。

「ふる里を愛することは、ふる里を知ること」から、とも言えよう。本書では、過去を振り返りながら、自然や地政学的側面、人物の往来、進取の気性など他地域に見られない、多面的で多様性に富んだ兵庫県の断面を切り取った。その魅力の一端に触れていただければ、少しは兵庫県のイメージをつかめるかもしれない。

先﨑　仁

目次

第1章 古代の息づかいが伝わる

第2章 豊かな自然との触れ合い

第3章
頑張っているたくさんの地場産業

第4章
意外な歴史の側面

第5章 異色の人物が活躍

第6章 あくなき食へのこだわり

第7章 こんなにもある日本一、日本初

第8章 文化とスポーツに与えた影響

第9章 独創的なまちの魅力

第1章

古代の息づかいが伝わる

1

兵庫県も恐竜の化石王国？

近年、各地で太古の恐竜の化石が発見されて、話題を呼んでいる。恐竜は動物園では見られない。映画や図鑑で見て、そのとてつもなく大きく、しかも獰猛な顔付きに、恐々ながら興味を抱く子どもが多い。

日本人がこの恐竜に初めて目を引き付けられたのは、文明開化が盛んになった明治の時代。ヨーロッパから恐竜研究の情報が入って来たからだ。

時代はさらに進んで、昭和39（１９６４）年、国立科学博物館で全身骨格のアロサウルスが初公開されると、一挙に恐竜人気に火がついた。さらにバブル期の平成２（１９９０）年、幕張メッセで巨大恐竜イベント『大恐竜博』が開催されると、ひと夏で１００万人が入場した、というから驚きだ。

その3年後にはハリウッド映画の『ジュラシック・パーク』が世界中で上映されると、さらに恐竜ブームが巻き起こったのだ。

日本で最初の恐竜化石が発見されたのは、昭和53（１９７８）年、岩手県でのこと。その後は、北海道、福島、群馬、富山、石川、福井、長野、岐阜、三重、兵庫、和歌山、山口、徳島、香川、福岡、熊本、鹿児島の17の道県で次々と発見された。

中でも北海道のむかわ町で発見された化石は、７２００万年前の地層から発掘された、ハドロサウルス科の草食竜で、全長8メートルの全身骨格は、〝むかわ竜〟と名付けられ、国内最大級と話題を集めた。

各地でこの恐竜人気にあやかって、町おこしを進めているが、実は兵庫県も恐竜の化石発見では、他県に負けず劣らずの化石王国でもあるのだ。

平成18（2006）年に加古川水系の丹波市山南町にある、1億4000万年から1億2000万年前の篠山層群の地層から発見された、国内最大級の大型草食恐竜は、大きな話題を提供した。中生代白亜紀に生息したティタノサウルス形類で、体長が15メートル、体高が7メートルという大きさ。これは〝丹波竜〟と名付けられた。このころは、大陸と日本列島は地続きであった、と想像されていたが、これでそれが実証されたのだ。

さらに平成30（2018）年2月には、篠山市の約1億1000万年前の篠山層群大山下層から、角竜類の一種、トリケラトプスの祖先にあたる、小型の草食恐竜の化石が8体分も見つかったのだ。

このように、同種の化石が多数発掘されるのは珍しいそうで、専門家の間では、生態や成長過程の研究に役立つ、と期待している。

この地域では、平成20（2008）年にも角竜類の頭部化石が国内で初めて発掘されているほか、大型のワニの歯なども発見されている。

兵庫県立人と自然の博物館や丹波竜化石工房、丹波竜の里公園などには大勢の恐竜マニアが訪れ、古代に夢を膨らませている。

将来は、これまでの恐竜の実態が、少しずつ分かり、恐竜のイメージが大きく変わってきそうだ。

発掘された恐竜の全身骨格レプリカ

2

渡来人が、但馬をつくった?

古代の日本には、さまざまな渡来人の影が残っている。中でも兵庫県にゆかりの深い人物に、天日矛《あめのひぼこ》（槍）がいた。和銅5（712）年に編纂された『古事記』、養老4（720）年の『日本書紀』、あるいはその後の『播磨国風土記』に出てくる人物だ。この人物が、古代の但馬地域に大きな影響を与えたようだ。

この天日矛（槍）という人物は、古代の朝鮮半島にあった新羅《しらぎ》の王子で、赤玉から生まれた美しい女性と結ばれたが、やがてその妻をないがしろにするようになったので、妻は先祖の国に行くと言って、船で日本に渡り、難波に着いた。そして、比賣碁曾社《ひめごそのやしろ》の祭神、阿加流比賣《あかるひめ》になったという。

恋しくなった天日矛（槍）は、妻を追って日本に渡ったが、途中で難波には行き着けず、但馬に着き、そこで多遅摩之俣尾《たじまのまたを》の娘、前津見《まえつみ》と結ばれ定着して、但馬の開発に力を注いだ、という伝説だ。そのときに新羅から持って来た八つの宝を納めたのが、出石神社の伊豆志之八前大神とされている。

天日矛（槍）は、多数の従者と物資を携え渡来し、但馬地域の開発に力を注いだ、と思われる。天日矛（槍）と前津見との血筋を引く子孫が、ヤマト（大和）王権に入り、神功皇后《じんぐう》とされる人物の母親になった、との伝えもある。

ただし、こうした天日矛（槍）の系図にある、天皇家に関する系図をそのまま事実として受け止めていいものか、それには慎重にならざるを得ないのではないか。

それはともかく、古代より日本と朝鮮半島との関係は深かったようだ。『播磨国風土記』には、古代の播磨地域に多くの渡来人が居住した記録が残されている。日本海に面した兵庫県の但馬地域が、朝鮮半島に近いという地理的な優位性もあった、ということか。

たとえば飾磨郡には、百済系漢人、新羅系漢人などが、揖保郡でも百済系漢人や新羅系韓人、宍粟市でも新羅系韓人などがそれぞれに里を築いていたようだ。

こうした朝鮮半島からの渡来人のシンボルとされたのが、天日矛（槍）だったのかもしれない。彼らは集団で移動して、地元住民との間で軋轢を生みながらも、いつしか日本に定着して帰化したのではなかろうか。

天日矛（槍）が帰化したのは『但馬故（古）事記』に、第6代孝安《こうあん》天皇（紀元前３９２年）とあるが、『日本書紀』では、第11代垂仁《すいにん》天皇（紀元前29年）の時代と差がある。

天日矛（槍）と八種の宝が祭られる出石神社

余談だが、天（あめ）あるいは天（あま）という読みは、古代の読みだと、作家の井沢元彦氏は小説の中で書いている。アメノウズメノミコト、アメノコヤネ、アマテラスオオミカミなどが思い浮かぶ。本文のアメノヒボコもそうだ。この天は、中国随の時代に歴史書『随書倭国伝』の中に、日本の王の姓を天（あめ）と書いているそうだ。この天という呼び名は、朝鮮半島中南部にあった伽耶《かや》の王族という説もある。この地域は倭国の支配地でもあったようだ。

古代には、朝鮮半島と人物の往来が頻繁に行われ、彼らの先進的な文化や技術が国家の成立に大きく関わったことが窺われる。

3

播磨の開発に、聖徳太子が関わった？

約１４００余年前、飛鳥時代の人物と伝わる聖徳太子。旧1万円札に使われ馴染み深いが、果たして実在したかどうか、近年、研究者の間でその真偽が問われている。

その理由は、聖徳太子とされる肖像画に見られるような冠や衣服、手にする笏《しゃく》は彼が生きていた時代にはなかった、という説だ。

また聖徳太子とされる人物が行ったとされる十二階位の制定は多くの人物によるもの、憲法十七条の発布は後の時代に行われた、遣隋使の派遣は以前から行われていたなどを指摘、聖徳太子に関する確実な史料が存在しないので、実在しなかったのでは、との見方が強まり、教科書では〝聖徳太子〟と伝わる、とされているのだ。

では聖徳太子と重なる人物は誰か。それは第30代敏達《びだつ》天皇の時代５７４年に、第31代になる用明《ようめい》天皇と蘇我稲目の孫娘の穴穂部間人《あなほべのはしひと》との間に生まれた厩戸皇子《うまやどのみこ》だ。超人的な逸話が数多く残されている。

その厩戸皇子が成人して、第33代推古《すいこ》天皇の世に摂政となり、十二階位の制定、憲法十七条の発布、法華経などの解説書『三経義疏《さんぎょうぎしょ》』を著すなど数々の業績を残した、と伝わっている。

厩戸皇子は推古30（６２２）年に逝去した。養老４（７２０）年に成立した『日本書紀』で、諡号《おくりなごう》として豊耳聡《とよさとおお》聖徳、東宮聖徳、豊耳聡法大王と、初めて聖徳の名が出てくる。

また和銅３（７１０）年から霊亀３（７１７）年に成立されたという『播磨国風土記』の生石《おうしこ》神社（石宝殿）の記述に「池之原　原南有作石　形如屋長二丈　廣一丈五尺　高亦如之　名號曰大石傳云　聖徳王御世厩戸　弓

削大連守屋　所造之石也」とある。

そうしたことを踏まえて、聖徳太子（厩戸皇子）が播磨地域に殊の外思い入れを残した足跡が随所にある。

聖徳太子（厩戸皇子）は、推古天皇から播磨の水田百町を得たので播磨の地を治め、加古川の本流に五ケ井堰を築いたのが、農業用水路の基礎となり、その後明治、大正時代に至るまで、加古川市内の町を縦横に流れ発展させる原動力にもなった。

また仏教の普及にも力を入れたことは、よく知られている。中でも教えを受けたのが、物部氏の仏教弾圧による迫害を避け、播磨に隠れていた高麗僧の恵便《えべん》法師だ。

恵便法師のために鶴林寺（加古川市）を建立した。この寺院は西の法隆寺と言われている。太子堂には聖徳太子（厩戸皇子）の壁画が残されている。

鶴林寺山門

また揖保郡太子町には、聖徳太子（厩戸皇子）創建とされる天台宗の斑鳩寺《いかるがでら》がある。ここは奈良の法隆寺（斑鳩寺）の寺領であった。

播磨には古代、朝鮮半島からの渡来人が多く住んでいたようだ。姫路市の峯相山には、神功《じんぐう》皇后とされる人物が、新羅から連れて来た王子が建てた、と言われる、日本最古の寺院、鶏足寺《けいそくじ》があったが、残念ながら秀吉の中国攻めで焼失した。

播磨地域は、聖徳太子（厩戸皇子）の影響を受けた、仏教信仰の聖地でもあったようだ。

相撲の元祖と、たつの市の縁とは？

野球賭博や暴力事件、八百長など大相撲界の不祥事が続くが、人気に陰りは見られない。それだけ古来、相撲が日本人に根付いているのか。

元をたどれば日本古来の神社の祭事、あるいは農作物の豊作、五穀豊穣を祈り、神々に感謝する農耕儀礼でもあったのだ。だから勝負は、1勝1敗の引き分けにする。

それが奈良時代から平安時代になると、宮中行事の天覧相撲に、そして中世の武家社会では武道にも取り入れられ、さらに近世の江戸時代から勧進相撲と称した興行が進み、近代へと引き継がれたのだが、古来の神事がどうして土俵上で、勝敗を決するようになったのか。その最古の相撲が、第11代垂仁《すいにん》天皇にまで遡る。

『日本書紀』によれば、当時、力自慢をしていた大和国当麻邑（奈良県北葛城郡）の豪族、当麻蹶速《たいまのけはや》の驕慢さに垂仁天皇は怒り、懲らしめようと出雲国（島根県）の強力、野見宿禰《のみのすくね》を招き対決させた。

当時の相撲は格闘技であったので、両者は互いに殴り合い、蹴り合いの末、宿禰が蹶速の腰の骨を折ったうえ蹴り殺した、という。

垂仁天皇はこれを祝し、宿禰に蹶速の領地と土師臣《はじのおみ》の姓を与えて、代々、天皇の葬儀を司るよう命じたのだ。この両者の対決に勝利した宿禰は、後々、相撲の元祖、と言われるようになった。後にこの地は腰折田と呼ばれた。

宿禰は天皇の葬儀を司ることになったのを機に、それまで天皇の崩御に際して、臣下が殉死していた風習を改めようとした、とも伝わっている。殉死の代わりに、埴輪を製作して墳墓に供える、というものだった。

ただこの説には、専門家が首を傾げていることも付言しておきたい。と言うのは、古墳から埴輪が出てくるのは5世紀以降。5世紀初めの第15代応神《おうじん》天皇陵からは、馬形埴輪があったと推測されるが、人形埴輪が出てくるのは、第16代仁徳《にんとく》天皇陵からでは、と指摘しているのだ。

『播磨国風土記』には、宿禰が故郷の出雲に帰国する途中、播磨国立野《たつの》日下部において病死し、その地に埋葬された、とある。墓を建てるために、出雲国から人々がやって来て、手から手に川石をリレーしながら行ったそうだ。野に立って手送りした様子が、後に龍野（たつの市）の地名に由来した、とも言われている。

なぜ宿禰の墓を生国の出雲国ではなく、たつの市の龍野公園、龍野神社近くに建てたのかだが、当時、この地域が出雲国の支配下にあったのでは、との説もある。

たつの市の野見宿禰の墓は円墳で、出雲墓屋《いずものはかや》とか宿毛《すくも》塚とも呼ばれる。塚の前には、明治、大正時代の力士や行司らが寄進した玉垣が残っている。またたつの市とは別に、両国国技館に近い、東京都墨田区にも野見宿禰神社がある。

このほかにも野見神社（愛知県）、片埜神社（大阪府）、石津神社（大阪府）、神魂神社（島根県）、菅原天満宮（島根県）、大野見宿禰神社（鳥取県）がある。相撲の元祖、宿禰に寄せる思いは特別なようだ。

5

高砂市の石宝殿は、日本三奇?

東から西に向かう高砂市阿弥陀町の国道2号から左側に、小高い山が見える。全山が石切り場になっていて、とても山の形とは思えない。ここで切り出される石は竜山石《たつやまいし》。

この竜山石は、約9000万年前に生成された凝灰岩。品質がよく、しかも加工しやすいので、古墳時代には大王らの石棺や、時代は下り江戸時代になっても、建築資材として盛んに使われた。

竜山は、〝たっちゃま〟とか、〝りゅうざん〟とも言われている。この辺りには、同じような石切り場が見られる。古来、石切り場になっていたようだ。竜山全体で160か所以上の砕石遺構がある、とも言われている。

この小高い山に生石《おうしこ》神社が祀られている。その御神体が石宝殿《いしのほうでん》と呼ばれる、幅6・4メートル、高さ5・7メートル、奥行き7・2メートル、重さが推定で500トンを超えるとも言われている巨石。近くの加古川流域では、竜山石が産出され、家形や長持形の石棺が大王の棺石として使われていたので、それではないか、と見られている。

兵庫県には大小の古墳の数が多い。日本一の数だ。それらの古墳に、石棺として使われたのが竜山石だ。

岩山の周囲を掘り下げてつくられた立方体の巨石は、まるで家を90度起こしたかのように拝殿の側面に屹立しているのだから、見る人を圧倒する。その背面は、何の目的なのか不明だが、突起状に形成されている。

そのうえ底面は、岩盤から切り離されるばかりになっていて、周囲を大きく刻んでいる。まるで盆の上に大きな石が載っているようだ。そしてその盆には水が溜まっているので、まるで水に巨石が浮かんでいるようにも見える。そのことから別名、浮石《うきいし》とも呼ばれている。初めて見る人には、奇妙な錯覚を与える。

筆者は周囲を見て、その異様な形に目を見張り、山上から眺めようと滑らないように足元に留意しながら、外側から眺めたが、巨石の上には小さな草木が生えていた。全体が見えない。

この石宝殿は、宮城県塩竈《しおがま》神社末社で御釜神社にある鉄製大塩釜、宮崎県霧島東神社の高千穂峰山頂に突き刺さる銅製の天《あめ》の逆鉾《さかほこ》と並ぶ日本三奇と称されている。

緩やかな坂道を上って塩竈神社に参詣したが、奈良時代の征夷大将軍、坂上田村麻呂ゆかりの東北の歴史ある一の宮だけに、厳かな雰囲気だった。

鉄製塩釜は、昔、製塩を教えた塩土老翁《しおつちおじ》神《のかみ》が使った物と伝えられ、元々は七口あったのが、いまは四口が保存されている。それぞれには常時、潮水が満たされ、あふれることも枯れることもないそうだ。世の中に変事があれば色が変わる、と言われている。

天の逆鉾は、イザナギ、イザナミの二神の天の沼矛神話に由来したもので、奈良時代にはすでに存在したそうだ。元々の銅剣は、火山の噴火で折れたので、いまはレプリカになっている。坂本龍馬と妻のおりょうが、新婚旅行でこの地を訪れたエピソードが残ってもいる。

ところで石宝殿だが、これは一体、誰が何の目的でつくったのか。それが判然としない。だからミステリー。『播磨国風土記』には、580年ごろに豪族、物部《もののべ》守屋がつくった、と記されている。

上から見た石宝殿（著者撮影）

物部氏は大伴氏《おおとも》、蘇我氏《そが》と並び大王家の重鎮。守屋の代になると第30代敏達天皇《びたつ》、第31代用明天皇《ようめい》に仕え、特に軍事や警備活動で力を発揮していた、と言われている。

大伴氏が失脚すると当時、疫病が流行っていたので仏法を信奉するよう敏達天皇に奏上した蘇我馬子と、それに反対する守屋との間で激しい論争が起こった。蘇我氏の権力強化を快く思っていなかった敏達天皇だが遂に、馬子に限り仏法信奉を許した。

敏達天皇が病で585年に崩御すると、馬子の妹を母とする用明天皇が即位。その用明天皇も病になったので、馬子は仏法の信奉を重臣らに諮るように命じた。これに守屋は反対し、朝廷を去り自領で再起を計った。587年に用明天皇が崩御すると、その後継者をめぐって、再び馬子と守屋が対立した。馬子は守屋を攻めて、守屋は敗死し、決着を見たのだ。

馬子の妻は守屋の妹だった。義兄弟の間柄であった馬子と守屋。政権の実権を掌握しようと、激しい争いを繰り広げた時代。

しかも推定500トンを超える巨石を切り出して遠方まで運ぶには、相当の荷役人数と費用がかかるというもの。研究者の間では、たとえば大坂城の石垣に使われた約100トンの石を運ぶのに4400人が動員された、という。となればその5倍の2万2000人が動員されることになる。これまでに500トンを超える巨石を人力で運んだ例は見られない。それに580年ごろには、前述したように馬子と守屋は対立していた。そんな余裕はあったのか。加えて守屋と竜山石との関りも不明なのだ。そこで残るは、守屋を討ち実権を掌中にした実力者の蘇我氏に注目される、という説が出てくる。

蘇我氏は、馬子の後の蝦夷《えみし》が権力を背景に天皇家と同等の立場を強調するかのように、宮門《みかど》と呼ばせた屋敷を造成させたり、子どもたちを王子と呼ばせたりして、権勢を誇示した。その一環として、石宝殿をつくらせたのではないか、という説もある。

ところが蘇我氏も、入鹿《いるか》の代になると中大兄皇子《なかのおおえのおうじ》（後の天智天皇）と中臣鎌足《なかとみのかまたり》（後の藤原鎌足）らの手で殺害され、いわゆる乙巳《いっし》の変（大化の改新）が進められた。このクーデターによって、蘇我氏本宗が滅んだので、石宝殿はそのままになったのでは、と推察されてもいる。何らかの目的があり、ほぼ完成して後は運び出す手前にありながら、なぜ運ばなかったのか、という疑問ばかりが残るから、後世の人たちを悩ませる。そのうえ指示した人も不明、となればまさに奇石だ。

このミステリアスな石宝殿には、昔から興味を抱く人たちは多く、幕末にはドイツ人医師のフィリップ・フランツ・フォン・シーボルトが現地を訪れたり、銅版画を製作した浮世絵師の鈴木春重で蘭学者でもあった司馬江《しばこう》漢《かん》、高砂市出身の町人学者、山片蟠桃《やまがたばんとう》らも詳細を記している。

いまでは塩竈神社、霧島東神社も含めて不思議な力を感じるパワースポットとしても、若い人に人気の場所にもなっているそうだ。

泉下で守屋も馬子も、あるいは実際に指示した人物は、後世の人たちの関心を集めると、想像もしていなかったであろう。

6

天皇に就いた兄弟王子が、志染に隠れていた？

古墳時代の皇位継承をめぐる争いは、すさまじかった。中でもひときわ目を引くのが、400年代。第17代履中《りちゅう》天皇が崩御すると、仁徳天皇の皇子が第18代反正《はんせい》天皇に、第19代には允恭《いんぎょう》天皇、453年には第20代に安《あん》康《こう》天皇が就くという慌ただしさだ。

安康天皇は、允恭天皇の第一皇子である兄の木梨軽皇子《きなしかるのみこ》を攻め、自害させて王位に就いた。安康天皇は弟の大泊瀬幼武皇子《おおはつせのわかたけのみこ》の妃に、叔父の妹の皇女（叔母）を迎えようとしたが、使者の謀略に惑わされて叔父を殺害したうえ、叔父の妹の皇女を弟の妃とし、あまつさえ叔父の妻を自分の妻にする、という無謀さだった。

しかしそれが叔父の皇子に知られて、安康天皇は殺害された。皇位を得ようと大泊瀬幼武皇子は、叔父の皇子を殺害。さらに地位を盤石にしようと、皇位継承者を亡き者にした。生前、安康天皇は後継者に弟ではなく、履中天皇の第一皇子の市辺押磐皇子《いちべのおしわのみこ》を考えていたようだ。

それを知っていた大泊瀬幼武皇子は、ライバルだった従兄の市辺押磐皇子を鹿狩りに誘い殺害したのだ。そして大泊瀬幼武皇子が第21代雄略《ゆうりゃく》天皇に就いた。

ただ市辺押磐皇子は、万が一を考えて、兄の億計《おけ》王子と弟の弘計《をけ》王子を丹後に逃がしていた。『古事記』『日本書紀』では、ふたりの王子はその後、身分を隠し、丹波小子《たにわのわらわ》として叔母の統括地であった播磨国志染《しじみ》（現在の三木市）の忍海部造細目《おおしあまべのみやつこほそめ》の下僕となり、政争に巻き込まれないよう、目立たないように暮らしていた。

策謀家の雄略天皇が崩御すると、子が第22代清寧《せいねい》天皇に就いた。この清寧天皇には跡継ぎができなかったので、皇位継承が不安視された。これでは天皇家が途絶えてしまう、と清寧天皇は案じた。

そうした矢先に朗報がもたらされた。それは播磨国司が忍海部造細目に招かれたときに、牛馬の世話などをしていた、ふたりの貴種を目にしたのだ。それが亡き市辺押磐皇子の忘れ形見と知り、急ぎ清寧天皇に上申したところ、清寧天皇はこれを喜び、ふたりの王子は、皇位継承者として迎えられたのだった。

兄弟仲はよかった。これまでの継承者は、血なまぐさい争いの上、権力を手にしたが、ふたりはそうした醜い争いを見てきたので、権力争いは避けて、お互いが皇位を譲り合った。

兄の億計王子は弟の器量を認め、弘計王子が先に帝位に就くように勧めた。当初は固辞していたが、兄の勧めに応じて弘計王子は、第23代顕《けん》宗《そう》天皇となり3年間在位した。その間、兄は異例とも言える皇太子となり補佐した。そして顕宗天皇の崩御後に、兄の億計王子が第24代仁賢《にんけん》天皇となり、10年間在位した。

ふたりの王子が隠れ住んだ志染の石室が、いまも見分けにくい小道を上った、小山に残っている。石柱に囲まれた窟屋は、溜まった水の藻が金色に輝くことから〝金水の窟屋〟とも言われている。

権力闘争に明け暮れた古墳時代にあって、仲のよい兄弟の伝説に安らぎを感じさせる。

二王子の伝説が残る志染の石室（著者撮影）

7

古代伝説の最強英雄が、播磨で生まれた?

古代の英雄伝説の代表格は、ヤマトタケルであろう。和銅5（712）年の『古事記』では倭建命《やまとたけるのみこと》、養老4（720）年の『日本書紀』では、日本武尊《やまとたけるのみこと》として出てくる。

『日本書紀』では、第12代景行《けいこう》天皇と、后の播磨稲日大郎姫《はりまのいなびのおおいらつめ》との間に、播磨国加古川で生まれた双子（古事記には双子の記述はない）の弟とある。母は吉備津彦命《きびつひこのみこと》の娘で、世に秀でて美しい女性であったので、景行天皇は后に迎え、城宮田村（加古川市加古川町木村）で婚儀の式を挙げたと伝えている。

双子の兄、大碓命《おうすのみこと》（尊）と弟の小碓命《をうすのみこと》（尊）の関係は厳しい。伝説では父、景行天皇の言うことを聞かない兄を諫めるように言われた小碓命は、兄を殺害したので、父帝はその気性を恐れ、当時、九州中部の人吉盆地や周辺の山地で勢力を拡大していた熊襲建《くまそたける》一族の平定を命じた。小碓命らは九州に赴き、女装した小碓命が酒宴に侍り、酔いつぶれた首領の川上梟帥《かわかみたける》を殺害した。落命寸前に梟帥は、小碓命の武勇を称えて〝タケル〟の称号を贈ったことから、日本武尊を名乗るようになったと伝わっている。

九州を平定した日本武尊は、休む間もなく伊勢、尾張、三河、伊豆、相模、武蔵、甲斐、総、常陸、陸奥など

日本武尊の母、播磨稲日大郎姫が眠るという日岡陵（著者撮影）

東国12か国の蝦夷《えみし》討伐に派遣された。途中、伊勢に立ち寄り、叔母で伊勢神宮の斎王を務めた倭比売命《やまとのひめみこ》を訪ね、袋と神剣の草那芸剣《くさなぎのつるぎ》（草薙剣）を受け取り出立した。

相模国に着き国造らと戦いの最中に火攻めに遭ったが、草那芸剣（草薙剣）で草を払い、袋に入っていた火打石で火を点け、迎え火にして炎を退け、敵を切り捨てたという。

相模から上総に船で向かう途中、走水《はしりみず》（神奈川県横須賀市）では、嵐に遭遇したことから、后の弟橘比売《おとたちばなひめ》が入水し、海を鎮め対岸の上総《かずさ》に渡ることができたという。

東国を平定し伊吹山（滋賀県と岐阜県境）の神を退治しようと山頂を目指したところ、神の化身の白い大きな猪（大蛇の説もある）と出会い、神の怒りに触れて失神し病身となり、大和への帰路中、能褒野《のぼの》（能煩野・三重県亀山市）で亡くなったという。そのとき日本武尊は、白鳥になって大和を目指して飛び去った、というのだ。

現在、宮内庁は日本武尊の陵墓として、能褒野墓（前方後円墳の能褒野王塚古墳・三重県亀山市）、円墳の白鳥陵《しらとりのみささぎ》（奈良県御所市）、白鳥陵（前方後円墳・大阪府羽曳野市）の3か所を治定している。

付け加えるならば、日本武尊の安産を願った日岡神社（加古川市）と、裏山を上がった日本武尊の母の陵墓とされる日岡陵（加古川市・前方後円墳）も忘れることはできない。

また日岡神社から少し離れた住宅地には、見落とされそうだが、大碓命（尊）と小碓命（尊）が使ったと伝わる石の盥《たらい》がある。

さらに日本武尊の子、第14代仲哀《ちゅうあい》天皇の陵とも伝わる五色塚古墳（県内最大規模の前方後円墳）が神戸市垂水区にある。古代最強の英雄、日本武尊と兵庫県の縁は深い。

8

明石市に原人や象がいた？

人類の歴史に関心を抱く人は多い。これまでの研究で、最初の原人（ホモ・エレクトゥス）が誕生したのは約１８０万年前のアフリカ大陸とされている。約２５００万年前の類人猿、約３７０万年から１００万年前の猿人の次の段階が原人だ。昭和59（１９８４）年には、アフリカ・ケニアで約１６０万年前の少年の完全な原人の化石が発掘されて大きな話題を呼んだ。

原人の中でよく知られるのが、約１００万前から約50万年前に生きた、ジャワ原人（ピテカントロプス）、約77万年前から約23万年前に生きた北京原人（シナントロプス）。

彼らは地球の氷河期にあって、火を使っていた、という。その次の段階が、旧人類でネアンデルタール人、さらに20万年前ぐらいに現われた、現生人類と言われる我々と同じ人類（ホモ・サピエンス）でクロマニョン人。

そのピテカントロプスやシナントロプスと同時代の原人の化石が明石市内で発見された、というニュースが伝わったのは、昭和６（１９３１）年のこと。にわかに学界はにぎわい、その真贋に関心が集まったのだ。

この世紀の化石が発見されたのは、淡路島を対岸に望む、林崎から東二見の海岸に連なる西八木海岸の崖。それを発見したのが、化石発掘に情熱を傾けていた考古学者の直良信夫《なおらのぶお》。

彼は崖の中から人骨の一部を発見。専門家の東京大学の松村瞭《まつむらりょう》教授に人骨の化石を送り、鑑定を依頼した。

ところが松村は、人骨の石膏模型をつくったものの、結論を出さずに人骨を直良に送り返したのだ。直良は旧石器時代の人骨では、と主張したが学界では相手にされなかった。そのうち戦争になり、その人骨は焼失した。

終戦後、昭和22（1947）年、人骨の石膏模型を見つけ、これに関心を抱いた東京大学の長谷部言人《はせべことんど》教授が再調査したものの、新たな発見はできなかった。

さらに昭和57（1982）年には、東京大学の遠藤萬里《えんどうばんり》教授と国立科学博物館の馬場悠男《ばばひさお》によるコンピュータ解析の結果、明石原人は縄文時代以降の人類、という説を出して、直良が主張した明石原人は幻の原人になったのだ。

明石市立文化博物館にあるアカシゾウのレプリカ
（一社）明石観光協会提供

ただその後、国立歴史民俗博物館の考古学者、春成秀爾《はるなりひでじ》の再調査で、この地に6、7万年前から、旧人に相当する人類が生活していたことが確実視された。

またこの西八木海岸からは、当時、世界で最も古いと言われた注目すべき象の化石が発見されたのだ。化石採集をしていた地元の桜井松二郎が発見したもので、アカシゾウ（アケボノゾウ）と言われている。肩高2メートル、牙の長さ1・5メートルという小さな象で、アジアに多い小型のステゴドン象の仲間と見られている。

150万年前ごろは、まだ日本列島が形成されておらず、大陸の一部であったので、象などの生物が、明石付近に多数生息していたようだ。明石象の骨格標本は、明石市立文化博物館、明石中央体育館にレプリカが展示されている。暫し、太古にタイムトリップでも。

9

日本最大の駅だった、賀古の駅家とは?

古来、人々は、大きな河川に頼って暮らしてきた。飲料水として、農業用水として、あるいは物資の運搬に船を利用するなど、河川は人々の暮らしに欠かせない。河川の周辺では、多くの人々の交易も栄えた。

兵庫県を流れる河川は、国が管理する1級河川が5河川。県が管理する2級河川が350河川。その中でも最長の流路延長96キロメートル、1730平方キロメートルの流域面積を持つのが1級河川の加古川。播磨地域最大の河川だ。

加古川は丹波市の北西にある青垣町の粟鹿山《あわがやま》(標高962メートル)付近の一ノ瀬川を源流として、途中で篠山川、杉原川、東条川などと合流して加東市、小野市、加古川市など11市3町を流れ播磨灘に注いでいる。

こうした河川を利用して、昔からこの播磨地域には、多くの人たちの交流があり、交易が盛んに行われていた。その交易路が山陽道だった。

古くから五畿七道があり、その中で山陽道は播磨国(兵庫県)、美作国(岡山県)、備前国(同)、備中国(同)、備後国(広島県)、安芸国(同)、周防国(山口県)、長門国(同)を経て、ヤマト(大和)朝廷と九州を結ぶ幹線道路であった。

この山陽道を活用しようと、飛鳥時代、大化2(646)年、30里(当時の1里は約540メートル、約16キロメートル)ごとに駅家《うまや》の設置を命じた。

それぞれの駅家には、使者の宿舎や多数の馬を置き、馬を乗り継ぎ平城京、平安京と九州・大宰府を結ぶ要路としたのだ。これは10世紀前後の延喜、延長時代ごろまでの約２００年間続いたようだ。

それに基づき播磨地域では、最盛期に9駅が設けられた。そうした駅家の中でも国内最大の駅家となったのが、賀古《かこ》の駅家（加古川市野口町）だ。一時は40頭の馬と、駅家と馬の世話をする駅子が6人も付き、40駅戸が備えられていた。このように大規模になったのは、加古川という大きな川が、増水時に障害となったこともあった、と想像できる。

規模が大きかったので、その運営には駅田という条例が出され、そこには「駅田は皆近きに従いて随ふて給へ」とあって、4町の駅田で耕作され、収穫物は〝駅稲〟として駅便の食料に、あるいは駅馬の代価にされた。

天平元（７２９）年には駅家が拡充され、さらに大同元（８０６）年には、駅家の規模も大きくされ、瓦葺き白壁造りの駅館院と呼ばれるまでに発展し、11世紀前半までその役目を果たした。

しかし律令制の納税情勢や維持管理などに加えて、大量の物資を運ぶには、陸路よりは海路を利用したほうが便利となり、急速に駅家は衰退した。

市内の大歳《おおとし》神社を含む古大内遺跡には、賀古駅家の中心施設となった駅館院があった。

いまは、国道2号を少し入った住宅地の片隅に、ひっそりと建つ大歳神社に、往時のにぎわいを想像するのは残念ながら難しい。

第2章
豊かな自然との触れ合い

10

但馬地域は、凝縮された観光資源の宝庫?

但馬地域は豊かな山や海に恵まれ、自然の魅力が随所に溢れている、数少ない所ではなかろうか。それも比較的近距離にあるので、山と海の変化が、短時間で味わえる。まるで観光資源が凝縮されたようだ。

クルマで播但連絡道路を但馬方面に走る。朝来市の生野銀山を過ぎると、山頂に〝天空の城〟で知られた、竹田城址が見える。

クルマは次第に森林が続く山間に入り、道幅が狭くなる。最近、人気のスポットに着く。香美町村岡にある猿尾滝《さるおたき》。

猿尾滝（著者撮影）

日本の滝百選にも選ばれた、落差60メートルの2段になった美しい滝。緩やかな小道を濡れることなく歩いて、滝壺まで行けるのも、他の滝では味わえない魅力だ。

この滝は、ユネスコの世界ジオパークとして認定された山陰海岸のエリアにある。女滝と言われる上段が高さ39メートル、男滝と言われる下段が高さ21メートル。この滝は岩盤が一枚岩でできている。マイナスイオンをたっぷり吸収できるので、リフレッシュできそうだ。

現地の名物ガイドさんに訊ねると、昔は誰も見に来なかったが、テレビで冬の氷瀑などが放映され、いまでは国内外から観光バスを連ねて年間数万人も訪れる、と笑顔を見せる。地元では、嬉しい対応に追われているようだ。

この村岡には、この他にも女郎滝、瀞川滝、サナの滝、天ケ滝、昇竜の滝と滝めぐりが楽しめる。また村岡には、兎和野と和池の原生林に大きな枝を茂らせている大カツラの樹もあり、気になる存在。

兎和野の大カツラは、樹齢５００年とも言われるが、それを上回るのが和池の大カツラで、樹齢が１０００年以上と伝わる古木。その株元からは、驚くほどの水量が湧き出していて、枯れることがない、とか。

この他にも但馬地域には、養父市関宮町の轟の大カツラ（樹齢２００年）、別宮《べっく》の大カツラ（同２００年）、豊岡市日高町の大カツラ（同３００年）などがあり、まだ知られていない大カツラもありそうだ。

なぜ但馬地域に大カツラの樹が多いのか、と首を傾げてしまう。専門家によると、古代から製鉄技術で知られる、近隣の島根（出雲）との関りがあったのでは、と。

インドの製鉄では、錬鉄を細かく刻んで、小片にしたカツラの樹を生木のまま混ぜて加熱していたそうだ。それに必要な成長著しいカツラの樹が、植栽された、と見られる。

またこの地域は、とがやま温泉、村岡温泉、湯村温泉、浜坂温泉と新温泉町の名が付くように、山間《やまあい》にひなびた温泉地が続く。高級和牛の素牛になる、但馬牛の供給地でもある。

温泉街を抜けると、山陰海岸ジオパークの海岸に出る。山から海への急展開に気分が一新する。グラスボートに乗り、火山の溶岩が表出した奇岩、洞門を間近に眺めて、但馬地域の誕生に思いを馳せた。山と海の魅力を一度に満喫できる。浜坂港は、ホタルイカの水揚量が日本一、ということも付け加えたい。

11

コウノトリは、豊岡地域の守り神?

兵庫県とコウノトリには、強い絆があるようだ。豊岡市の城崎温泉には、傷付いたコウノトリとの伝説が残っている。古来、豊岡地域には、数多くのコウノトリが自由に生息していた。コウノトリは、兵庫県の県鳥。

豊岡地方では、天保年間の第7代出石藩主、出石久利《ひさとし》が、コウノトリを瑞兆として保護したことから、明治になるまで繁殖していた。

それが明治期以降は乱獲されたり、森林の伐採で営巣を奪われたり、あるいは収穫を増やすために田畑への農薬散布が進み、餌となるドジョウや昆虫などが減り、急速にその数が減っていったのだ。

それは日本だけではない。現在、世界的にもコウノトリは2000から3000羽ぐらいしか生息していないそうで、絶滅危惧種になっている。

日本では昭和31(1956)年、国の特別天然記念物に指定して保護に努めた。兵庫県も、コウノトリの産卵からふ化までの人工飼育で苦労した。

そこにはコウノトリの寿命が30年以上と言われているものの、オスとメスがばらばらに暮らし、群れをつくらない、という習性もあって、よほどの相性がよくなければカップルにはならず、繁殖にいたるにはなかなか難しいようなのだ。

しかも一度に産む卵の数は、3個から5個と少なく、せっかく産んだ卵も天敵の蛇やカラスに襲われ、成鳥にまでは困難な道が待ち受けている。

そこで豊岡市は、昭和40（1965）年に文化庁の支援を受け、兵庫県と地域住民とともに兵庫県立コウノトリの郷《さと》公園をつくり、人工飼育に乗り出した。

しかし昭和46（1971）年には、豊岡盆地に生息していた野生の日本最後のコウノトリが死亡し、野生の日本のコウノトリは消滅した。そのショックは懸命に取り組んできた豊岡市の住民ばかりではなく、関係者の落胆は大きかった。それに諦めることなく、平成元（1989）年に、ロシアから贈られて来たコウノトリの繁殖に成功したのをきっかけに、年々、飼育数が増えた。そして平成17（2005）年から、人工飼育されたコウノトリを自然界に放鳥するまでにいたったのだ。

そのうえ放鳥されたコウノトリが産んだ卵から雛が孵《かえ》り、さらには野生に戻った個体から新しい雛が生まれる、という自然界のサイクルが蘇えった。長年の夢だった豊岡盆地が、再びコウノトリの棲む里になった。

コウノトリ

185ヘクタールという自然豊かな広大な敷地のコウノトリの郷公園には、野生化したものと、人工飼育ものと併せると70羽以上が生息しているが、いまでは141羽が野生化して、新潟県や長野県、四国、九州、さらには朝鮮半島にまで羽根を広げている。

豊岡市の但馬空港には、コウノトリ但馬空港の愛称が付いているし、日本の宇宙開発の先端を行く、宇宙航空研究開発機構（JAXA）の無人補給機にも、コウノトリの名が付いている。日本人には、コウノトリに特別の愛着がある、とも思える。

兵庫県は、豊かな鉱山に恵まれていた?

兵庫県には、日本有数の鉱山があった。それが朝来市にある、国内屈指の銀山であった生野銀山《いくのぎんざん》であり、日本一のスズの生産量を誇った養父市にある明延鉱山《あけのべこうざん》だ。

そのうち生野銀山は、但馬と播磨の境に流れる市川の源流にある海抜300メートルの盆地にあって、銀谷《かなや》とも呼ばれていたのだ。そこで銀山が発見されたのが大同2(807)年ごろと伝わっている。延喜年間(901~923)には盛んに採掘されていたようだ。

この生野銀山が、歴史史料に出てくるのがさらに時代が下ってから。但馬国を治めていた守護大名の山名祐豊《やまなすけとよ》が天文11(1542)年に銀石を採掘した、と記録されている。永禄10(1567)年ごろには、銀山日記という史料で、銀の採掘はまるで土砂のようだった、とその豊富な量を記している。日本でも最大級の鉱脈だったようだ。

この銀を手にして、山名氏は勢力を延ばしたが、やがて戦国時代になると織田信長、豊臣秀吉へと引き継がれ、そして徳川幕府の時代になると生野銀山奉行が設けられて、佐渡金山、石見銀山とともに天領となって、徳川幕府の財源を支えたのだ。

明治になると、政府の直轄地としてフランス人技師を招いて、近代化を図り、さらには佐渡金山とともに皇室

生野鉱山坑道入口

の財産とされたが、その後は三菱財閥に払い下げられ国内有数の鉱山として稼働したのだ。

明延鉱山は、天平17（745）年から開発され、天平勝宝4（752）年に開眼した奈良・東大寺大仏の鋳造のために銅を献上した、と伝わっている。

平安時代の初期に本格的な採掘が行われ、明治元（1868）年には生野銀山とともに官営となったが、明治29（1896）年には三菱財閥に払い下げられた。

明治42（1909）年にはスズの鉱脈が発見されて、その後は日本一のスズの鉱山としてにぎわった。かつては国内のみならずアジアでも最大規模のスズ鉱山として知られた。銅や亜鉛、タングステンなども埋蔵されているようだ。

粗鋼生産量は最盛期の昭和26（1951）年には、月産3万5000トンを上げたが閉山期には月産2万5500トンと減ったのに加えて、プラザ合意による円高の影響を受けて大幅な赤字になり、昭和62（1987）年に閉山となった。

ところがいままた、生野銀山も明延鉱山も、産業遺産としての価値が再認識され、地域の観光開発にひと役買っている。生野銀山の跡地には生野銀山ミュージアムが開館されて、鉱山文化などが人気を呼んでいる。

当時の採掘作業を再現したマネキンを、イケメンの〝銀山ボーイズ〟として、売り出したところ人気化。また生野銀山と、銀の運搬に関わった、姫路の飾磨津を結ぶ銀の馬車道を広めている。

明延鉱山では、最盛期に使用していた鉱山電車の明神電車（一円電車）を復活させたり、坑内が年中12～13℃という坑道の見学を始めている。両鉱山のアイデア合戦も見所か。

13

六甲山は、スーパーマウンテン？

１５０万人の人口を抱える神戸市。その後背地に、悠然と姿を横たえているのが六甲山。大都市にあって、このように街に近接して、標高約９３２メートルという大きな山塊を背景にする都市は、全国でも稀有ではなかろうか。

各地で１００万ドルとか１０００万ドルと謳う、街の夜景を誇る都市はいくつかある。たとえば北海道・函館市（人口約26・6万人）の函館山《はこだてやま》（標高約３３４メートル）、広島市（同約１１９・４万人）の高尾山《たかおやま》（約４００メートル）、長崎市（同42・95万人）の稲佐山《いなさやま》（同約３３３メートル）などだ。

しかし神戸市のように、１５０万人を擁する大都市とは、趣を異にする。六甲山の存在が、単に観光資源という一面だけではなく、六甲山による恩恵を多方面で受けていることも忘れてはならない。その意味でも、六甲山はスーパーマウンテンなのだ。

この六甲山は、約１億年前に生成された花崗岩でできている。１００万年前以後の地殻変動で隆起した、と言われている。その山頂は比較的平坦なので、人工スキー場やホテル、レストラン、植物園、牧場、ゴルフ場、オルゴール博物館、企業の保養所などが設置されていて、都心からの便利な観光地として人気を得ている。

いまは緑豊かな山だが、明治初期には、山肌が露出する見る影もない姿だったのだ。これには豊臣秀吉の時代まで遡る。秀吉は巨大な大坂城を造営する際に、城郭を築くための巨石を、小豆島や六甲山から切り出した。それに気がとがめたのか、住民に六甲山の樹木を伐採することを許したのだ。

住民は燃料用として六甲山の樹木を伐採したので、元々の緑が姿を消した。その後、江戸時代にいたっても樹木の伐採が続いたのだ。

明治に入ると、あまりにもひどいと感じた兵庫県が、明治28（1895）年に砂防事業に乗り出し、同35（1902）年にアカマツやスギ、ヒノキなどを植林する山地の緑化事業に力を入れたので、次第に昔の緑豊かな六甲山が再現された。

この六甲山に着目したのが、神戸の外国人居留地に暮らした欧米人だった。彼らは、自ら道を切り開いて眺望のよい山荘を建てたり、岩肌が露出していた芦屋川上流の岩場でロッククライミングを楽しんだり、日本で初めてのゴルフ場をつくったり、と都心に近い自然を大いに活用したのだ。これに刺激を受け、日本人も六甲山の魅力に気づき、六甲山を大事にするようになった。

六甲の山並み

そればかりではない。長い時間をかけて花崗岩から湧出した水はミネラル分が多く、赤道を通っても腐らないコウベウォーターとして、外国航路の船に積み込まれた。ほかにも、神戸に多い真珠業者による真珠の選別作業に、六甲山からの自然の反射光が欠かせないのだ。

また灘五郷の酒づくりに欠かせない宮水も、この六甲山からの伏流水に頼っているのだ。六甲山がなかったら、地域の発展や灘の酒はどうなっていたか。阪神タイガースの応援歌〝六甲おろし〟も生まれなかった。

14

権力者は有馬温泉を、文人は城崎温泉を愛した？

環境省の統計では、源泉総数が2万3155か所、うち利用源泉数は1万7581か所、温泉地数は3155か所となっている。

日本人と温泉との関りは古い。神話にゆかりがある日本三大古泉と言われるのは、道後温泉（愛媛県）、有馬温泉（兵庫県）、白浜温泉（和歌山県）。

また江戸後期、文化14（1817）年に書かれた温泉番付の『諸国温泉功能鑑』には、東の大関に草津温泉（群馬県）、関脇に那須温泉（栃木県）、西の大関に有馬温泉、関脇に城崎温泉（兵庫県）が載っている。当時は横綱という呼称がなかった。この番付は、明治に入っても他の温泉地に譲らなかったし、時代が進んでも有馬温泉と城崎温泉の人気は、常にベストテンに入っている。

有馬温泉と城崎温泉を愛した人たちを見ると、極端な見方かもしれないが、有馬温泉では、権力者や武人が目立ち、城崎温泉では作家や画家、俳人などの文人が目立っているのだ。

有馬温泉には、神話の時代に大己貴命《おおなむちのみこと》（大国主命）と、少彦名命《すくなひこなのみこと》が、3羽の傷付いた鳥が湧き出している泉で傷を癒しているのを見付けたのが有馬温泉だった、という伝説もあってか、第34代舒明《じょめい》天皇（629〜641年）、第36代孝徳《こうとく》天皇（645〜654年）、後白河法皇が安元2（1176）年に行幸している。

また昆陽池（伊丹市）や大輪田泊（神戸市）を造営した奈良時代の高僧、行基上人《ぎょうきしょうにん》、源平時代の仁西上人《じんさいしょうにん》が、荒廃した有馬温泉を復興させた。織田信長に反旗を翻した荒木村重の説得に出かけ、逆に幽閉された羽柴（豊臣）

秀吉の軍師、黒田官兵衛が解放後に傷を癒すために湯治をしたことでも知られている。

中でも特筆されるのは、天下統一を果たした豊臣秀吉が、この有馬温泉をこよなく愛したことだ。秀吉は天正10（1582）年に、荒廃していた有馬温泉を復興させ、生涯に9度も正室の北ノ政所（ねね）はじめ重臣の石田三成、大谷吉継、増田長盛らを引き連れて湯治した。

同18（1590）年にも、茶人の千利休、津田宗久、小早川隆景らを引き連れて大茶会を催している。いまも〝ねね橋〟〝太閤橋〟〝太閤通り〟の名が残り、行基上人、仁西上人、秀吉の3人は、有馬温泉の恩人にされているのだ。輝く黄金を愛した天下人は、〝金泉〟〝銀泉〟の湯に浸かりながら、山上から眼下に広がる町並みを眺め、さぞかし満足したのであろう。

有馬温泉

一方、豊岡盆地に湯煙りを上げる城崎温泉。平地の湯治場なので、有馬温泉とは趣が異なる。

城崎温泉には、舒明天皇の時代に、傷付いたコウノトリが傷を癒していたのを見て発見したとか、道智《どうち》上人《しょうにん》が難病祈願したところ温泉が湧出した、とかの言い伝えがある。

温泉街をゆっくりと流れる大谿川《おおたにがわ》沿いには柳並木が静かに風に揺れ、浴衣姿の温泉客が、七つの〝外湯めぐり〟でそぞろ歩く姿は、いかにも湯治を楽しむ風情を漂わせている。そうした盆地特有の限られた空間に、有馬温泉とは異なる旅情を醸成されるのか、多くの文人らが訪れている。

よく知られるのが、滞在中の体験を著わした『城の崎にて』の志賀直哉《しがなおや》。この地を十数回も訪れている。

このほかにも松尾芭蕉《まつおばしょう》、徳富蘇峰《とくとみそほう》、島崎藤村《しまざきとうそん》、斎藤茂吉《さいとうもきち》、泉鏡花《いずみきょうか》、武者小路実篤《むしゃのこうじさねあつ》、柳田國男《やなぎたくにお》、有島武郎《ありしまたけお》、白鳥省吾《しらとりせいご》、与謝野鉄幹《よさのてっかん》、晶子《あきこ》夫妻、山口《やまぐち》誓子《せいし》、司馬遼太郎《しばりょうたろう》、『城崎裁判』の万城目学《まきめまなぶ》氏、『城崎へかえる』の湊《みなと》かなえ氏らが訪れている。

こうした文人と城崎温泉とのつながりを内外にアピールしようと、地元では平成８（１９９６）年、城崎ゆかりの文人墨客の資料や作品を紹介する『城崎文芸館』を建てた。

城崎温泉

山上から眺めながら温泉を楽しむ有馬温泉。ゆっくりと平地の温泉を楽しむ城崎温泉。それぞれの楽しみ方があるが、文人には、他人と同じ目線の高さの城崎温泉が、作品にも反映されるのか。

日本人の温泉利用と、外国人の温泉利用とは大分、様相が異なる。日本では温泉に入浴する際には大衆の面前でも素裸で手拭を頭にかぶせて、という姿を思い描く。

目的は、温泉の効能を活かした病気治療や、休養、リラックスなどであろうと思うが、外国人の場合は、もちろん大衆の面前での素裸はありえず、ましてタオルを頭に乗せて鼻歌まじりではない。目的は医学関係者の指導の下での治療が主体だ。

ただし、日本人のように大衆で温泉気分を楽しむこともあるが、その際にはもちろん、水着着用だ。珍しいことだが、ドイツの温泉保養地〝バーデン・バーデン〟では、タオルは持たずに素裸で入浴するようだ。

温泉を好む人種は、日本人以外にもイタリア人が思い浮かぶ。古代ローマ人も温泉好きであった。ベスビオス火山の噴火で埋まったナポリのポンペイ遺跡を訪れた際に、人々が大衆浴場を楽しんでいた遺跡を見た。浴場で歓談している様子を想像した。

またイギリス西部のバースを訪れた際にも、温泉史跡に大勢の観光客がいた。ここは1世紀ごろに、古代ローマ人がイングランドを征服したとき、ケルト人が利用していたこの温泉地に、大理石をふんだんに使い立派な彫刻を周囲にめぐらした浴場をつくり、温泉を楽しんでいた場所だ。ローマ帝国が衰退し、一時は荒廃したがエリザベス1世時代に復活した。いまでも上流貴族らが利用した、高層で半円形の高級リゾート集合住宅『ロイヤル・クレセント』が建っていて、富裕層が利用する。温泉を中心とした保養地の印象を強めている。

ポンペイの温泉場や、イングランドのバースからは、有馬温泉や城崎温泉、草津温泉、別府温泉など日本の温泉地の雰囲気はまったく感じられなかった。そこには権力者、富裕者が温泉を楽しむ姿は想像できたが、民衆がどれだけ楽しんだのか、あるいは文人が、温泉地での体験を、どう作風に生かしたのかを知る手がかりは見当たらなかった。

日本の温泉文化は外国とは別物だが、近年は日本を訪れる外国人が増え、温泉地でも日本の温泉文化を楽しむ姿が見られる。温泉には、裸の付き合いがよく似合うようだ。リラックスすれば、体もほぐれ心もほぐれる。つい世界のリーダーたちに、素裸での温泉を勧めたい、とも思ってしまう。

15

世界的な発見が、玄武洞にあった?

近年、地球物理学者や宇宙科学者らは、地磁気の逆転現象(N極とS極が逆転)がもたらす地球上の生物への影響、電子化された社会インフラへの影響などを、活発に議論している。この数十年の間に地球の磁力が5%程度も弱まっている、との観測もあり、逆転の時期が近付いているのでは、との見方もある。

そんな中、平成29(2017)年には、千葉県市原市の養老川沿いに、約77万年前の地球磁場逆転期を証明する地層が見つかった、と報道され話題を呼んだ。

この地層は、『第四紀更新世前期・中期の境界地層の国際標準模式地』として、国際地質科学連合の専門部会に申請され、選出された。そしてこの地質時代が『千葉時代=チバニアン』として、世界に知られた。

地球の地磁気が逆転していた、と言われてもピンとこない向きがあろう。地球の磁場が、南北で逆転することだ。地球が大きな磁石である、とする考えを基にしている。

地磁気の〝極〟には、〝磁極〟と〝地磁気極(磁軸極)〟の二つの概念がある。地球は表面の地核から中心に向かって、分厚い岩石のマントル、鉄やニッケルによる流動性の外核と、固体の内核から成る核という構造になっている。

そして地磁気をつくっているのが、外核の部分と考えられている。外核は電流を通しやすい流体なので、流体が動くと電流が流れ、磁場を発生し、それが地表に出て地磁気として観測される。ただしいまも地磁気の成因は解明されていないのだ。

江戸時代後期の文政11（１８２８）年、ドイツ人のカール・フリードリヒ・ガウスが、地磁気の研究を始めた。そして明治39（１９０６）年には、フランス人のベルナール・ブリュンヌが、現在の地磁気とは向きが逆の77万年前に磁化された岩石を発見した。

さらに大正15・昭和元（１９２６）年に京都大学教授の松山基範《まつやまもとはる》が、豊岡市内を流れる円山川東岸にある洞窟、玄武洞《げんぶどう》の玄武岩に閉じ込められた残留磁気を分析したところ、国内で初めて、78万年前には、現在の地磁気の向きとは逆だったことを発見したのだ。

この発見は、世界にも衝撃を与えた。アメリカの研究グループが発表した地磁気極性年代表では、２５８・１万年から78万年前の逆転期を『松山期』と名付けられた。ただし後日、精密な年代決定で、約77万年前と修正された。

地磁気逆転は、過去３６０万年の間で11回起こり、二つの逆磁極期があったことが判明している。その一つが５８９・４万年前から３５８万年前の『ギルバート期』と『松山期』だ。記念すべき発見が、豊岡市内の玄武洞にあったのだ。

この玄武洞の命名は、文化４（１８０７）年、幕府の儒学者、柴野栗山《しばのりつざん》がこの地を訪れ、名付けた。また明治になり、地質学者、小藤文次郎《こふじぶんじろう》がここの岩石を玄武岩と名付けた。

地磁気逆転の発見が、この玄武洞、玄武岩にあったことを知る人は、少ないのでは。

玄武洞

16

但馬地域の気候は、暑さ寒さで全国レベル?

冬は極めて寒く、夏は猛暑。全国の天気予報で紹介される常連が、但馬地域だ。

但馬地域の約70%が山地。日本海側気候なので、冬はシベリアから北西の季節風が吹き、降雪量が多い。ひどいときには、漁港に停泊している漁船に積雪し、沈没しかねない、と沈鬱な顔を見せる漁業者もいるほど。最低気温がマイナス10度を下回ることもあるそうだ。

この地域に若杉高原おおやスキー場、氷ノ山国際スキー場、但馬牧場公園スキー場、ハチ北高原スキー場、ハチ高原スキー場、ミカタノスノーパークスキー場、スカイバレースキー場、ハイパーボウル東鉢スキー場と、スキー場が多いのを見ても、降雪量が多いことが分かる。隣接地域にもアップかんなベスキー場、ちくさ高原スキー場など実に多い。

また夏には、最高湿度が80%を超え、最高気温も39~40度前後を数日、記録して全国的にも話題を提供している。非常に蒸し暑くて、過ごしにくい日常は、東南アジアに似ている、とも言われている。

こうした独特の気候は、複雑な地形が関係している。但馬地域の東側には円山川が流れ、豊岡盆地、出石盆地といった平地がある。

そして西側には、〝兵庫の屋根〟とも言われる氷ノ山(標高1510メートル)、鉢伏山(同1221メートル)、扇ノ山(同1310メートル)など1000メートル級の山々が連なっている。こうした独特な地形が、但馬地域の気候に大きく影響しているのだ。

特に豊岡市は、夏には猛暑が連日続き、全国の天気予報でも、最高気温でトップ5に入ることもある常連さんだ。

なぜ、豊岡市が全国でも夏の気温が高いのか。気象専門家によると、瀬戸内海側の湿った空気が、播磨北部から丹波、但馬地域に流れ込む際に、1000メートル級の山々に当り雨を降らせるので、水蒸気の少ない乾いた高温の風が豊岡方面に流れて来る。その高温の風が、豊岡盆地に溜まって高温が続くそうだ。いわゆる〝フェーン現象〟だ。

過去の記録を見ても、豊岡市内の高温は他都市に負けていない。大阪管区気象台によると、特筆されるのが平成6(1994)年8月8日。同年は日本上空に高気圧が居座り、連日、晴天が続いたうえ、暖まった南東の風が近畿を襲ったために、近畿圏は猛暑が続いた。

そのときの最高気温は、和歌山県かつらぎ町の40・6度を最高に、大阪府豊中市が39・9度、京都市が39・8度、豊岡市が39・3度を記録している。

また平年値(1981〜2010年)を見ても、8月の最高気温は、多治見市(岐阜県)が1位の33・7度、2位が堺市の33・5度、豊岡市は10位の32・5度と、平年でも8月は〝猛暑日〟が続くのだ。

地元住民は「寒暖差には慣れた」と、開き直り気味。近年の異常気象には、お手上げ状態だ。天候異変への対応は、人智を尽くして防備するしかないのか。

17

日本最古のオリーブ園が、神戸市にあった?

オリーブは、モクセイ科の常緑喬木。国連旗にも使われている。また聖書のノアの方舟《はこぶね》では、鳩がオリーブの枝をくわえて来た話が印象的だ。

オリーブはアジアの西端で北は黒海、西はエーゲ海、南は地中海に挟まれた、トルコ共和国のアジア側に位置する〝小アジア〟地域が原産。

日本に初めてオリーブの実とオリーブオイルが持ち込まれたのは、安土桃山時代と言われている。キリスト教の宣教師によるものだ。

オリーブ樹は、江戸時代末期の文久2(1862)年ごろ、幕府医師の林洞海《はやしどうかい》が、フランスから輸入した苗木を横須賀に移植したのが初めてと伝わっている。

近年、健康志向で、日本人にもすっかりお馴染みになった。日本のオリーブ産地は、小豆島(香川県)と岡山県。香川県が約95%を占めオリーブオイルの生産量も日本一。

小豆島でオリーブ栽培が始まったのは、明治41(1908)年ごろ。明治政府が、アメリカのオリーブの試験栽培を始め、栽培地として香川、三重、鹿児島の3県を指定。その中で成功したのは、香川県だけだった。

ところが、日本で最初のオリーブ栽培に成功し、初めてオリーブオイルを搾油したのは、神戸市だったのだ。

明治政府は、外国産植物の栽培を通じて、輸出を増やそうとした。その一環として、明治6(1873)年、オーストリアで開かれた〝ウイーン万博〟に参加した佐野常民《さのつねたみ》は、オリーブ樹を持ち帰り、兵庫県勧業場「神戸植物試験場」（現在の兵庫県公館付近）に移植した。

次いで明治11（1878）年にも、〝パリ万博〟に参加した前田正名《まえだまさな》がオリーブ樹を持ち帰り、3ヘクタールの内務省三田育種場神戸支園（神戸市中央区山本通の北野ホテル付近、後の「神戸阿利襪園《こうべオリーブえん》」）に移植された。

いまは異人館が観光名所になっているが、当時、神戸の北野あたりは傾斜地の山野で畑も多く、水はけもよくて気候も温暖なので、オリーブ樹の栽培に適していた。

同15（1882）年には、福羽逸人《ふくははやと》の指導で、初めて搾油に成功したが、明治政府の財政難で事業の継続が困難になり、同41（1908）年に閉鎖されたのだ。

そのときに、オリーブ樹が湊川神社（神戸市中央区）境内に移植された。境内の立札には「明治11年パリの万国博で日本館長をしていた前田正名がフランスより持ち帰ったものの一つで、日本最初のオリーブ樹と云われている」と記されている。この現存するオリーブ樹が、日本最古と言われている。

また同19（1886）年には、加古川市の経済人が、「神戸阿利襪園」からオリーブ樹を譲り受け、宝蔵寺《ほうぞうじ》（加古川市）に移植し、現存している。

こうした神戸とオリーブ栽培の関係に注目した関係者らが、オリーブ栽培発祥地の復活を目指し、神戸市西区に200本のオリーブ樹を試験栽培している。いずれ、オリーブも神戸ブランドの一つになるのか。

北野ホテル前に立つ「神戸阿利襪園」の碑

日本三大神滝が、神戸市内にある？

深山幽谷、木々の間を縫い、険しい岩肌をくぐって、急峻な懸崖から水しぶきを上げて流れ落ちる滝。人里離れた山奥に、予期しない突然現れた見事な滝に、思わず嘆声を漏らすことがあるのではなかろうか。滝は山奥にあるもの、と思いがち。

ところが神戸市の街を少し歩けば、日本三大神滝《しんたき》と称される布引《ぬのびき》の滝に出会うことができる。聞きなれない神滝というのは、滝壺を通じて竜宮や竜神に出会える、という言い伝えに因んでいるそうだ。

布引の滝の他には華厳《けごん》の滝（栃木県日光市）、那智《なち》滝（和歌山県那智勝浦町）がある。布引の滝は上流から下流に向かって雄滝《おんたき》、夫婦滝《めおとだき》、鼓ヶ滝《つづみがだき》、雌滝《めんたき》から成っている。

華厳の滝は、落差が97メートル、那智の滝は落差が１３３メートル。そこから流れ落ちる水煙と、周囲の木々との景観は実に豪快で、嘆声が聞こえるようだ。

それにくらべると、布引の滝は、雄滝の落差が43メートル、夫婦滝は９メートル、鼓ヶ滝は８メートル、雌滝は19メートルと、落差では及ばないが、厳かな景観では負けてはいない。雄滝の滝壺は、深さが６・６メートル。

布引の滝

滝の横には5か所の甌穴《おうけつ》があって、竜宮に通じている、と言い伝えられているそうだ。

古来、山上には役《えん》の行者小角《おづの》が創建した修験道場の滝勝寺《りゅうしょうじ》があり、〝布引の滝〟は修験場であった。滝勝寺は明治22（1889）年に焼失し、いまは市内に移転している。

布引の滝を取り巻く岩石は数十万年をかけて造られた、世界でも稀有なものだと、専門家は見ている。神戸開港で、外国航路に積み込む水は、この布引の滝を利用した。赤道を越えても腐らない水、〝神戸ウオーター〟と評判を呼んだ。

神戸市は、明治33（1900）年に水道の給水を始めたが、その水源が布引貯水池。このダムは、日本最古の動力式コンクリートダム。

外国人を引きつけたのは、水だけではなかった。神戸外国人居留地に暮らす多くの外国人が、身近な自然を求めて布引の滝に足を運んだ。そこで滝には、茶屋が設けられた。

その茶屋には、美人の3人姉妹がいた。彼女らを目当てにした外国人の中に、親日家で神戸のポルトガル領事館の総領事を務めた、文人でもあるヴェンセスラウ・デ・モラエスもいた。

彼は2番目のお福さんを気に入ったが、彼女はやがて結婚したので、お福さんに似た芸者のヨネ（福本ヨネ）を身請《みうけ》した。ヨネが亡くなると、ヨネの故郷、徳島市でひっそりと生涯を閉じた。モラエスにとって竜宮城の乙姫様は、お福さんだったのか。

19

世界一の公開用天体望遠鏡がある町って？

世界中が注視した。地球から3億4000万キロメートルも離れた宇宙に漂う小惑星『リュウグウ』に向かっていた、宇宙航空研究開発機構（JAXA）の探査機『はやぶさ2』が、平成31（2019）年2月、最初のタッチダウン（接地）に成功しサンプルを採取。続いて2回のタッチダウンを行い、サンプルを採取して、2020年末には地球に帰還する。この岩石などから、太陽系の起源や生命誕生の手がかりをつかむことができるかもしれない。

過去には、先代の『はやぶさ』が、『リュウグウ』と同じく地球と火星の間を周回する地球から60億キロメートルも離れた小惑星『イトカワ』の探査を終えてサンプル採取し、一時はトラブルを起こし帰還が危惧されたが、懸命の努力で、平成22（2010）年にオーストラリアの砂漠に帰還。世界中の感動を集めた。今度の『はやぶさ2』は、それに次ぐ快挙になるのか。

昔から人類は、宇宙に関心を抱いていた。世界中で宇宙の成り立ちと、生命誕生の謎を探る研究が進められてきた。そこにはさまざまな宗教観や、〝天動説〟〝地動説〟の激しい論争も繰り広げられた。

現代は、その論争も終息し、純粋に宇宙の成り立ちや、生命誕生などを科学的に観測するため、各国が協力する体制ができた。そうした背景もあってか、日本国内でも各地に天体観測のための天文台やプラネタリウムなどを備えた天文台が、多数設置されている。

天体観測を一般人に公開した天文台施設が加入している、日本公開天文台協会によると、公開天文台は北海道から沖縄県まで、全国に約４００か所もあるという。

その中でも兵庫県内には、明石市立天文科学館、尼崎市立美方高原自然の家、アルビレオ天文台、猪名川天文台、伊丹市立こども文化科学館、神戸市立青少年科学館、加古川市立少年自然の家、天文館バルーンようか、にしわき経緯度地球科学館、兵庫県立大学西はりま天文台、姫路科学館、星の子館の12か所がある。このように公開天文台の数が多く、全国一だ。

このほかにも西宮市立山東自然の家、三田市立野外活動センター天体観測所、加古川総合文化センターにもプラネタリウムや天体望遠鏡を備えている。

公開天文台の中でも注目されるのが、佐用郡佐用町にある兵庫県立大学西はりま天文台。一般人でも観測ができる、公開天文台では世界最大規模の直径2メートルという、天体望遠鏡『なゆた』を南館に備えている。これは緯度軸と経度軸を回転させる経緯台式になっている。

また北館には、直径60センチメートルの赤道儀式の望遠鏡も備えている。そのほかにも太陽全体を観測している太陽モニター望遠鏡や、夜間の天体観望会用に貸出望遠鏡なども備えている。宿泊施設、レストランなども完備して、家族連れなどの利用者も多い。

日本の標準時子午線が県内を貫くだけに、兵庫県民は、天文への関心が強いのかもしれない。夏の夜空を、家族連れでのんびりと眺めるのも、リフレッシュできそうだ。

20

宝塚市、伊丹市は桜と縁が深い？

日本人なら、桜の花を嫌う人はいないであろう。花見のシーズンになると、人々の心は浮き浮きとして、嫌でも春到来の気分になる。

桜の花見が当然のようになったのは、保存や管理などで、数多くの人たちの努力があったからだ。宝塚市、伊丹市も桜と縁が深いのだ。

そのひとりが、桜の保存に力を入れ、作家の水上勉《みずかみつとむ》作品『櫻守《さくらもり》』のモデルにもなった、植物学者の笹部新太郎《ささべしんたろう》だ。笹部は東京帝国大学（東京大学）在学中から桜を研究し、特にサトザクラ（里桜）、ヤマザクラ（山桜）など日本古来の品種の保護、育成に努め、〝桜博士〟とも言われた。

大学卒業後、政治家、犬養毅《いぬかいつよし》の秘書を勤めた後、兄から譲り受けた宝塚市切畑長尾山の麓（JR福知山線武田尾駅付近）の山林に、明治45（1912）年から桜の研修を行う演習林『亦楽山荘《えきらくさんそう》』を設置して、品種保存などの研究に没頭した。

約40ヘクタールの敷地には、全国から集められた30品種、5000本以上の桜が植林され、品種の保存や接ぎ木などの研究が行われた。いわば桜の聖地とも言える場所だ。

「ソメイヨシノばかりが、日本の桜ではない」と言って、〝桜の通り抜け〟で知られる八重桜が植えられた大阪造幣局や、奈良県吉野山、西宮夙川公園、甲山周辺など、全国各地で桜の管理や保全活動に生涯を捧げた。

笹部の死後、演習林は荒廃していたが、親族が跡地を宝塚市に寄贈したことから、平成11（1999）年、里山公園『桜の園』として整備された。
また数千点にも上る桜に関する研究資料や工芸品などのコレクションは、西宮市に寄贈された。さらに西宮市の（公財）白鹿記念酒造博物館付設笹部さくら資料室に保存されている。

笹部とは別の形で、桜をアメリカに伝える役割を果たしたのが、伊丹市の住民だった。

いまやアメリカ、ワシントンＤ．Ｃ．のポトマック河畔で開催される〝桜祭り〟は、全米ばかりか、日本でもよく知られている。ポトマック河畔が、日本の桜の名所となった背景に、奔走したひとりのアメリカ人女性がいたことも忘れられない。

その発端は、明治18（１８８５）年。親日家でたびたび来日し、各地を旅行した女性地理学者のエリザ・シドモアの提案だった。彼女は、日本人が桜に寄せる愛情に心を揺さぶられ、帰国してからポトマック河畔に桜の植樹を各地で提案したのだ。

その提案は受け入れられなかったが、彼女は信念を曲げずに24年間も提案を続け、ついには明治42（１９０９）年、ヘレン・タフト大統領夫人に桜の植栽を訴えた。この話がワシントンの日本領事館を通じて、当時の東京市長、尾崎《おざき》行雄《ゆきお》に伝わった。尾崎は日露戦争の講話にアメリカが仲介したことの返礼と、日米親善友好を願って、桜の寄贈を計画。

尾崎の計画を日本総領事の水野《みずの》幸吉《こうきち》と、科学者の高峰《たかみね》譲吉《じょうきち》から聞いたヘレン・タフト大統領夫人は、これを受け入れたので、尾崎は明治42（１９０９）年、２０００本の桜をアメリカに送り、ポトマック河畔に植えようとした。

ところが、送られた桜の苗木を現地で検疫したところ、病虫害が見つかり、すべてが焼却処分されたのだ。尾崎は、専門家の指導を得て、再度、害虫駆除された苗木づくりを行った。その苗木の台木に、昔から植木づくりの盛んだった兵庫県川辺郡稲野村東野（伊丹市）を選んだ。

東野地域では、明治初年から果樹の苗木づくりが盛んに行われていて、和歌山県の温州ミカン、岡山県の桃、鳥取県の二十世紀梨などの苗木をつくっていた。

そこで農商務省農事試験場の農芸化学者、古在由直《こざいよしなお》は、東野の久保武兵衛《くぼたけべえ》に、桜の苗木となる接ぎ木として、興津園芸試験場（静岡県）で育てる、病害虫のない元気な台木苗、1万5000本を注文した。

久保は地域の住民に声をかけ、手分けして台木苗（山桜の挿し木）をつくり納めた。その指導で、東京から3人の技術者が派遣され、東野で寝泊まりして指導した。病害虫を除去するため、東野には日本で最初のガス燻蒸室が設けられた。

その台木苗は、荷車に積んで尼崎駅まで運ばれ、興津園芸試験場で、台木苗と穂木苗（東京都の荒川堤の桜）が接ぎ木された。その接ぎ木6040本が、明治45（1912）年、横浜港から『阿波丸』に積まれてアメリカに送られた。

アメリカの検疫では「いままでにこのような完全な輸入植物は見たことがない」と、驚きを与えたほどの完璧な苗木だった。長年、植木づくりに励んできた、東野地域の高い技術力を示したのだ。

アメリカに送られた桜の苗木の半数は、ニューヨークのハドソン河開発300年記念式に贈られ、残りの半数がポトマック河畔に贈られた。こうしてポトマック河畔に、日本の桜並木（12品種、ソメイヨシノ、カンザンなど３０２０本）がつくられ、桜の季節になると、アメリカ人も花見を楽しむようになったのだ。

しかし第二次世界大戦で、一時は日本から贈られた桜への被害が懸念され、桜祭りは中止された。再開されたのは戦後、昭和22（１９４７）年だった。

ところが、昭和27（１９５２）年、東京の荒川堤の桜並木の桜が戦争被害を受け、減少したので、地元が復元の救援を求めた。この荒川堤の桜は、アメリカに送られた桜の親木だったのだ。

これに対して、アメリカからは、桜の寄贈の返礼として、ハナミズキが届けられた。ハナミズキは関係先の各地に配られ、伊丹市にも届いたが、枯れてしまった。

その後、東京都立園芸高校にその子孫樹が残っていたので、そこから接ぎ木され、いまは伊丹市立荻野小学校に植樹されて、大きく成長している。

平成24（２０１２）年、植樹１００年を記念して、アメリカから１４４本の穂木が日本に届いた。桜の里帰りとして話題になった。

その桜の苗木が、東日本大震災地など各地に植樹された。伊丹市にはその10年前の90周年記念のときに送られて来た苗木が、東野地区に隣接する端ケ池公園に植樹され、〝里帰り桜〟として親しまれている。

日本人と外国人の花見とは風習も愛で方も違うが、花見の季節に訪れる外国人観光客が、日本の桜の花を見て喜ぶ姿に心が和む。

第3章

頑張っているたくさんの地場産業

21

六古窯の一つが、篠山市にある？

北海道から沖縄まで、国内の陶器づくりの産地は数多い。その中で兵庫県の丹波《たんば》（篠山市）は、瀬戸《せと》（愛知県瀬戸市）、常滑《とこなめ》（愛知県常滑市）、信楽《しがらき》（滋賀県甲賀市）、備前《びぜん》（岡山県備前市）、越前《えちぜん》（福井県丹生郡越前町）と並ぶ日本の六古窯の一つ。

瀬戸焼は、陶磁器の総称〝瀬戸物〟とも呼ばれるほど身近な日用陶器で、古墳時代中期の5世紀ごろから始まり、室町・戦国時代には日本最大の窯業産地になった。

常滑焼は、平安時代末期の12世紀前半ごろから始まり、原料に含まれる鉄分や、陶土に混ぜられる酸化鉄が焼成されると赤く発色することから、朱色の急須では日本一の産地でもよく知られている。

信楽焼は、タヌキの置物で有名。耐火性に富み、可塑性と腰の強い陶土なので、茶壺や土鍋、徳利などの生活用器などを生産。隣接する伊賀焼（三重県伊賀市丸柱）とは、陶土も似ている、と地元の陶芸家は語っていた。

備前焼は、別名、伊部焼《いんべやき》。古墳時代から平安時代にかけての須恵器《すえき》窯が発展した、と言われている。釉薬を一切使わず、窯変によって生み出される模様は、同じものがないのが特徴という。

越前焼は、平安時代から始まったという。鉄分が多く含まれる陶土なので、耐火性に優れ表面が赤黒く、赤褐色に焼き上がる。水漏れが少ないので、壺や甕《かめ》、すり鉢などの生活用器を生産。

丹波立杭焼《たんばたちくいやき》は、平安時代の末期から始まったとされている。桃山時代末期までの400年間は、穴窯《あながま》が使われたが、江戸時代初期以後は、朝鮮式の半地上式の登窯《のぼりがま》が使われた、という。

穴窯式は、人工的な釉薬《ゆうやく》を使わないで長時間焼き、薪の燃えた灰が器に降りかかって、陶土の鉄分と混ざり合い、緑色やとび色に自然発光したのが特徴だ。

穴窯より登窯のほうが火のとおりがよく、焼成時間が三分の一程度で済み、量産に適したので、登窯式が採用された。

登窯では最高温度が１３００度と高温なので、燃料の薪の灰が器に降りかかると、釉薬と融け合って窯変し、〝灰被《はいかぶ》り〟という独特な色合いや模様を生み出す。それが丹波焼の特徴となった。日本では珍しい左回転の〝蹴りロクロ〟を採用しているのも、丹波立杭焼ならでは。

穴窯時代には、小野原焼と呼ばれていたが、登窯式になると丹波焼とか立杭焼と呼ばれ、昭和53（１９７８）年に、丹波立杭焼と総称されたのだ。いまは野趣風味の茶器、花器、茶碗、食器などの生活用器、工夫を凝らした工芸・民芸品などを手がけ、古窯らしい自然の中で伝統を受け継いでいる。

兵庫県には、このほかにも出石焼、明石焼、赤穂雲火焼、王地山焼、八鹿焼、珉平焼といった窯元もあるという。

陶磁器産業界は、バブル景気をピークに、生産額は減少傾向にある。古窯といえども、伝統に甘えているわけにはいかないようだ。

丹波立杭焼の登窯

22

日本一の豊岡市のかばんは、柳行李から発展した？

豊岡地方のかばん生産量は、日本一を占めている。その起源は古い。この地方には、古代から朝鮮半島の渡来人が住み着き、円山川下流の湿地帯に自生する落葉低木のコリヤナギ（和名は行李柳）を用いて、厳しい冬の間の仕事に杞柳細工《きりゅう》を始め、根付いたそうだ。

コリヤナギは、一般的な枝を垂らした〝しだれ柳〟と違って、枝が上に向かって伸びている。その皮を剥いて編む。杞柳とは、中国の儒学者、孟子の一説から引用しているそうだ。朝鮮では儒教が根付いたので、その影響か。

その製品〝但馬杞柳箱〟が、奈良の正倉院に残されている、という。江戸時代初期には、豊岡藩がコリヤナギや籐を編んだ柳行李《やなぎごうり》などの杞柳産業を奨励したことで盛んになった。行李は、昔、衣類の収納に使われた。丈夫で軽く、壊れにくいうえに蓋のかぶせ具合で収納量も調節できる。通気性もよく防虫効果もあるので、武士の甲冑《かっちゅう》を納める鎧櫃《よろいびつ》や弁当箱などにも利用された。

豊岡が、かばんの生産地に発展したヒット作があった。明治14（1881）年に販売された、バンドと取っ手を付け、手に持てるようにした3本ベルト締めとも呼ばれた行李鞄と同42（1909）年に販売されたバスケットが、その後の豊岡かばんの原点になったそうだ。

昭和時代には、軽くて丈夫なファイバー素材のファイバーかばん、ビニール素材を使用した軽量のスマートケース、スーツケースの胴枠にピアノ線を使い、三方がファスナーで開閉できるオープンケース、ナイロン製のマディソンバッグなどが流行して、豊岡かばんの知名度が高まった。

平成2（1990）年の〝バブル景気〟ごろには、年間生産高が約350億円と最盛期を迎え、全国の約80％を占めた。

しかしその後の〝バブル景気〟が弾け、長引くデフレ不況と中国やASEAN（東南アジア諸国連合）諸国からの安価な製品が輸入されると、消費者の低価格志向もあって、急激に豊岡かばんの需要が減少。国内生産量は最盛期の三分の一の約100億円にまで落ち込んだ。倒産や廃業に追い込まれた業者も多い。一時は200社から64社にまで減少した。

そこで危機感を覚えたのが生産地。それまでの問屋主導の生産から脱却し、自社開発力を強め、レディースバッグやレジャーバッグなどにも幅を広げたり、主な消費地の東京などでフェアを開催するなど、積極的に産地ブランドをアピールすることにしたのだ。

その甲斐あって平成18（2006）年には、工業製品として国内第1号となる地域ブランド『豊岡鞄』が認定された。

これを機に、後進の人材育成にも力を入れ、豊岡市内に鞄職人の専門学校『アルチザン・スクール』を開校。全国から応募者が多数、受講している、という。

古代に朝鮮半島の渡来人がもたらした技が途切れることなく、形を変えて次世代に伝わる過程を垣間見るようだ。

23

三木市は、日本最古の金物のまち？

日常生活に欠かせない金物。国内の金物産地としては、新潟県三条市、燕市、岐阜県関市、福井県越前市、大阪府堺市、兵庫県三木市、島根県安来市、高知県香美市などがよく知られている。関市、堺市、三木市、三条市・燕市で国内シェアの約90％を占めている。

三木市のいわゆる〝播州打刃物〟は、伝統的な技法で製造される手引き鋸《のこぎり》、鑿《のみ》、鉋《かんな》、鏝《こて》、小刀の5品目を主力としている。ただ、多品種少量生産なので中小零細業者が多い。

しかし、播州打刃物の国内シェアは高い。工匠具（刃物類）、手引き鋸それぞれで約70％を占めている。製造出荷額は、年間約１４５億円と全国の約17％を占め、業界での地歩をしっかりと確保している。そのうえ三木市の播州打刃物は、日本最古の歴史を誇る、と地元では自負している。

伝承では古代、神功《じんぐう》皇后と伝わる人物が、朝鮮半島に出兵した際、多くの人々を連れて帰った。そのうちの何人かが播州に住み着き、鍛冶職を始めたとか、百済《くだら》の聖明王の王子、恵とともに渡来した韓鍛冶が、ヤマト（大和）で鍛冶技術を伝えたのが播州にも伝わった、とも言われている。

また古代、大和と出雲との交流地点でもあった播州には、大和鍛冶の祖とされた天目一箇命《あめのまひとつのみこと》が住んでいて、製鉄の祖とされる出雲の金山彦命《かなやまひこのみこと》とも接点があったので、鍛冶業が盛んになった、とも伝わっている。

さらに兵庫県は日本一、古墳が多い地域でもある。そして朝鮮半島から入って来た渡来人も多い。古墳の建造には鍬や鋤など金物が必要になる。そうしたことも関係して、播州に金物産業が定着した、とも想像される。

三木市が金物産地になったのは、羽柴（豊臣）秀吉の三木城攻略がきっかけだった。織田信長の命を受けて、播磨地域の平定を進めていた秀吉は、敵対する三木城主、別所長治《べっしょながはる》を攻めた。遂には長治の自決で決着したが、その間、城下は荒廃した。

そこで秀吉は、城下の復興を急がせた。全国から大工らが集まり、工事を急いだ。三木に鍛冶職人が集結し、金物を生産したので、次第に金物の町に発展したのだ。

城下が復興すると、大工たちは全国に散らばった。彼らの道具の素晴らしさが、各地に広まった。播州打刃物の評判が高まり、三木市の生産が増え、それに伴い仲買商の勢力が強くなって、現在のような基盤が確立した。

近年は、電動工具の発達や新建材に対応した工具、耕運機、バインダー刃などの農具、山林伐採用ジグソー、さらには個人用の家庭大工道具、園芸用具の開発などにも力を入れて、ホームセンター、大型量販店向けの需要が急増している。

因みに工作などで使う『肥後守』という小刀。これは明治中ごろ、三木市の重松太三郎が九州から持ち帰った小刀を苦心して改良したもの。三木市独自のアイデア商品。使い勝手を優先しているのにも注目したい。

三木市立金物資料館（著者撮影）

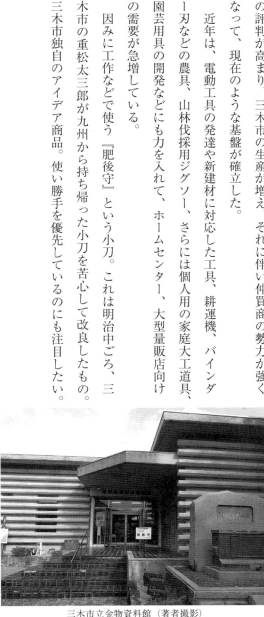

24

小野市のそろばんは、日本一？

子どものころ「読み・書き・そろばん（算盤）」は大事と言われ、そろばん塾に通われた年配者も多いと思う。文章を読む力を養えば、さまざまな知識を吸収でき、他人の意見にも耳を傾けることができる。書く力を養えば、自分の考えを整理して、多くの人に自分の意思を正確に伝えることができる。計算ができれば、物事の流れを数字で的確に把握できるので、利害得失を掌握し、判断を誤らない。

これは初等教育の基本として、子どもたちの基礎的な学力、能力を養う教えの一つとされてきた。つまり、これさえ学べば何とか社会で生活できる、というものだ。

かつて最盛期の昭和60年代には、全国に1万3０００か所のそろばん教室があったそうだ。ところが、受験競争で学習塾に通ったり、他の教室が増えたことなどから、総務省調査によると平成26（２０１４）年には６７５３教室と半減している。

近年、そろばんや暗算は、右脳を活性化させ、知能指数（ＩＱ）を向上させる、と言われ、再評価されている。意外にも海外では、南太平洋のトンガ王国やインド、シンガポール、レバノン、モンゴル、マレーシア、中国、台湾など世界20か国の教育現場でそろばんが採用されているそうだ。

日本でもかつてのような勢いは見られないが、地道ながら、そろばんの生産地や全国のそろばん業界関係者は、国内の子どもたちへの指導や、競技会の活発な開催、また海外の子どもたちとの国際交流などを通じて、そろばんの普及活動を展開している。

ところで、日本一のそろばん生産地が兵庫県の小野市であることは、案外知られていないのではなかろうか。最盛期の昭和35（1960）年には、年間360万丁を数えていた。いまは53万丁と大きく減らしたものの、全国の約70％を占めているそうだ。

小野市が、そろばん生産を始めたのは、羽柴（豊臣）秀吉のお蔭だそうだ。天正年間、秀吉軍は別所長治《べっしょながはる》が率いる三木城を攻略した際、危害を恐れた住民は、滋賀県大津に逃れた。

そこでそろばんの製法を取得した住民が戦火が治まると帰郷し、小野市周辺で〝播州そろばん〟を製造したのだ。

国内のそろばん生産地には、島根県仁多郡に〝雲州そろばん〟があるが、規模は小野市の十分の一程度。〝播州そろばん〟も〝雲州そろばん〟も、貴重な存在だ。

小野市役所には、一瞬、驚かせる巨大なそろばん（縦4メートル、横9メートル、重さ2トン）が掲げられ、そろばんの町をアピールしている。またそろばんを後世に引き継ごうと、新生児に出生記念として、そろばんがプレゼントされるという。

いま、教育現場での電子式黒板の導入に伴い、それに対応したそろばんの学習ソフト開発や、玉を動かすと、日本語や英語で数字を読み上げるそろばんの開発も進むなど、アナログな商品だが、時代に応じて進化している。

小野市役所にある巨大そろばん（著者撮影）

25

国産マッチの約90％を、姫路市で生産？

マッチは、電化製品の普及や、使い捨てライターの普及など、生活環境の変化で、かつてほど需要が旺盛ではないが、いまでも手放せずに家庭に残されている。

一般社団法人日本燐寸工業会（加入18社）によると、平成29（２０１７）年の出荷量は、約1万２０００マッチトン（約15億円）、うち欧米などへの輸出は２５００マッチトン（約4億円）。マッチトンとは、並型マッチ７２００個分（マッチ棒30万〜40万本）。

そのうちの約90％が、姫路で生産されている。額は少ないが、日本のマッチを姫路が支えているのだ。かつては、スウェーデンのスウェーデンマッチトラスト、アメリカのダイヤモンドマッチと並び、世界の三大マッチ生産国として知られた日本。

昭和48（１９７３）年の総生産量は、戦後最大の80万マッチトン（うち輸出は1万８０００マッチトン）を記録した。最盛期には83社が、92工場を操業させていた兵庫県。マッチとの関りは深い。

その前に日本のマッチ産業を振り返ってみたい。マッチの原型は文化2（１８０５）年、フランスのＪ・シャンセルが浸酸マッチ（即席発火箱）を発明したのを機に、文政10（１８２７）年にイギリス人の薬剤師、Ｊ・ウォーカーが摩擦マッチを発明したのが始まり、と言われている。

そのころ日本では、天保8（１８３７）年、宇田川榕菴《うだがわようあん》が、欧州の文献を参考にマッチの製造に着手。同10（１８３９）年には、高松藩士の久米通賢《くめみちたか》が雷汞《らいこう》マッチを発明。

弘化4（1847）年には、三田藩出身の川本幸民《かわもとこうみん》も黄リンマッチの試作をするなど、急速に関心を引きつけている。日本のマッチ業界では、日本のマッチ産業の先駆けを金沢藩士、清水誠《しみずまこと》としている。

清水は明治3（1870）年に政府の命で、フランスのエコール・サントラル・パリ（パリ工芸大学）に留学した際、在仏中の宮内次官、吉井友実《よしいともさね》の勧めでマッチ製造を学び、帰国後の翌年、同9（1876）年、東京で新燧社《しんすい》を設立し、安全マッチの製造を始めた。これが日本の本格的なマッチ生産の始まりとされている。

それまでの黄リンマッチは、有害な原料を使っていたので、作業員に影響を与えていた。そこで安全性を重視し、毒性の低い硫化リンを用いたマッチを製造したのだ。

この前後から、政府はマッチ産業の振興策に、劇的な環境変化に戸惑った旧士族への救済策として、旧士族の婦女子の採用を加えた。また函館や兵庫などの監獄（刑務所）でもマッチを製造した。

清水は志を同じくし、礼を尽くして教えを乞う人物には、惜し気もなく製造方法、機器、機材の調達などを教えたことから、東京、横浜、神戸、姫路、高松、徳島など各地にマッチ工場が増えた。

兵庫でも明治10（1877）年に神戸監獄内で、また同12（1879）年には本多義知が明治社、翌年には滝川弁三が清燧社《せいすいしゃ》を、神戸で清国の商人、廣駿源《こうしゅんげん》がマッチ工場を始めたり、同20（1887）年には、兵庫の辰馬吉左衛門が日新館を、神戸の直木政之介が奨拡社を設立してマッチを製造し、兵庫にマッチを根付かせた。

明治29（1896）年には、日本からの輸出マッチが、清国の黄リンマッチ市場で75％のシェアを占めるほどだった。

ところがかつては繊維、銅と並ぶ日本の三大輸出商品であったマッチだが、二度にわたる世界大戦や経済不況に出合い、苦難を強いられた。

その間、喫茶店やレストラン、ホテルなどの広告マッチで新境地を開き、昭和48（1973）年には、総生産量が戦後最大の80万マッチトンを記録したが、2年後に使い捨てライターの出現、自動着火装置付きの電化製品の普及などで需要は急速に悪化したのだ。

そうした環境の変化もあって、マッチ工場の経営は悪化。廃業や従業員の独立が続き、次第に工場が姫路に移転した。姫路に集約された理由としては、雨が少なく温暖な気候が、乾燥工程の多い環境に適していることや、人手が集めやすい、原料の入手や輸出のための神戸港にも近い、などが挙げられる。

近年はマッチ産業にかつての勢いがみられないものの、仏前への線香着火や防災用としても捨てがたい存在で、新機軸を模索している。

ところで、マッチのラベル。独特なデザインと色づかいで収集家も多いに違いない。明治、大正、昭和初期のラベルには時代背景が色濃く反映されていて、マニアには垂涎の的ではなかろうか。

西脇市出身の美術家、横尾忠則氏もプレモダンのデザイン作品に、マッチラベルの影響を受けた、と『マッチラベル』（下島正夫著、駸々堂刊）で語っているし、筆者の問いにもそう答えた。

横尾氏は、マッチラベルに関心を強く寄せていて、昭和41（1966）年には、独特なデザインのラベルをほどこした6個セットのマッチや徳用マッチを制作している。マッチのラベルには、人を引き付ける不思議な魅力があるようだ。

因みに『マッチの日』は、マッチ業界も認める、清水がフランスに留学するために横浜港を出た「5月12日」と、昭和23（１９４８）年に戦争による配給制が解除され、自由販売が認められた「9月12日」の二つがある。

ところで、マッチ産業の草分け、清水誠と神戸市の縁は、マッチだけではない。日本人で初めて、神戸市で太陽面を通過する、金星の観測写真撮影に成功したのだ。

１００年に一度、金星が太陽面を通過する〝金星の日面通過〟という天文現象がアジア太平洋地域で起こる、ということでフランスの科学アカデミーが中心になって、日本で観測することになり、帰国を前にした在仏中の清水に観測の手助け依頼が来たのだ。そして明治7（１８７４）年、神戸市中央区の諏訪山（標高約90メートル）で観測し、15枚の連続写真撮影に成功した。

このことから諏訪山には、江戸時代、安政の大地震で崩壊した生田神社の鳥居を利用した円柱形の〝金星観測記念碑〟が建てられ、ここを金星台と呼ぶようになったそうだ。マッチ製造の先駆け、清水と神戸に意外なつながりがあった。

マッチが生まれなかったら、世界的に知られるデンマークの作家、アンデルセンの童話『マッチ売りの少女』は、世に出なかった。

26

神戸市のケミカルシューズは、戦後生まれ？

神戸と履物の歴史は長い。明治時代後半に、神戸でゴム産業が興ってから、大正時代にゴム製の履物が発達。当初はゴム長靴、ゴム底の地下足袋に加えてゴム底の運動靴も製造され、ゴム製の靴の生産地として知られるようになった。

一時代を築いたケミカルシューズは、意外にも戦後生まれだ。昭和27（１９５２）年ごろ、甲皮に塩化ビニール（合成樹脂）を使った靴を製造した。

当初はファッションシューズとかビニールシューズ、モード靴とか呼ばれたが、次第に戦後の復興が進み、高度経済成長に入ると、神戸のシューズも需要が急増し、国内での認知度が高まってきた。

そこで業界は、神戸のシューズをブランド化するために、昭和54（１９７９）年からケミカルシューズと呼ぶようになり、全国に伝わった。

神戸発のケミカルシューズは、神戸のファッション性と並んで発展し、昭和30（１９５５）年から同48（１９７３）年にかけて、いわゆる高度経済成長期には、生産量の約40％を輸出するなど、カジュアル化の需要に対応し、高付加価値商品を開発して躍進した。いわゆる〝バブル景気〟の平成２（１９９０）年には、生産数量が４４７５万足、生産額が８６５億８８００万円、組合員数２４１社とピークを迎えた。

ところが〝バブル景気〟が弾け、また平成７（１９９５）年に発生した兵庫県南部地震（阪神・淡路大震災）で、生産地の長田区、須磨区の工場の約80％が壊滅的な打撃を受け、操業不能となったのだ。化学材料などを扱っていた生産地の長田区は、約3000億円にも上る大きな被害を受けたのだった。約80%の企業が、壊滅的な被害を受けた。

追い打ちをかけるように円高や韓国、中国、台湾からの安価なケミカルシューズの輸入が激しくなった。加えて長引く景気低迷と、平成20（2008）年に起こった、アメリカ発のいわゆる〝リーマンショック〟で、需要が激減。同年の生産量は、被災前の約57%、生産額でも約70%程度にとどまった。業界にとっては、まさに死活問題となった。

そこで神戸の業界は、長年親しまれてきたケミカルシューズのイメージを離れ、甲皮に天然皮革を用いたカジュアルな靴へと切り替え〝神戸シューズ〟として、高付加価値を訴えた。平成29（2017）年には、東京・銀座に神戸シューズの直営店をオープンさせ、新機軸を打ち出した。

ピーク時の昭和46（1971）年には生産量4000万足、生産額246億円であったが、業界の統計によると、平成29（2017）年度は、生産量が1427万足と少ないものの、生産額では367億8800万円と高付加価値路線の成果が表れている。

大災害から、ようやく「履き倒れの神戸」が復活の兆しを見せてきたのか。

27

西脇市の播州織は、宮大工が発案者？

西脇市を中心にした周辺で織られる〝播州織〟。糸を先に染めて、染め上がった糸で柄を織る平織りが特徴で、国内先染め織物の約70％以上を占める主産地だ。この〝播州織〟を広めたのは、300年近く前の宮大工だった、というから意外だ。

天明8（1788）年、いわゆる〝天明の大火〟のときに、菅大臣神社の修復のために京都に呼ばれた播州多可郡の宮大工、飛田安兵衛が、通りがかった京都・西陣織の民家で機織りの音を耳にし、興味を惹かれたのがきっかけになった、という。

安兵衛は関係者から情報を得て、織機の製作を思い立った。大工だけに手先が器用だったので、見様見真似ながら、帰郷後の寛政4（1792）年、『長機』と名付けた織機を完成させた。織機が完成すると、京都から染色職人を呼び寄せ染色を始めたのだ。これが播州織の始まりと言われている。当時は〝菅大臣縞《かんだいじんしま》〟と呼ばれた。

また偶然にも同じ天明年間に、加東郡の宮大工、油屋五兵衛も京都・北野神社の造営に関わった際に、西陣織の機織りを学び、帰郷後に機織りを始めたのだ。五兵衛が菅原天神の造営に携わったので、〝菅大織〟とも呼ばれたそうだ。

さらに嘉永6（1853）年には、加西郡の井上宗左衛門も機織り業を始め、この周辺に織物業が根付いた。

当初は〝播州縞〟と呼ばれていたが、次第に市場が広がり、周辺には60～70軒の織物業者が増えて活況になった。

力織機と呼ばれる織機が導入されると、それまでの農閑期の副業的な仕事の家内工業から、本格的な工場生産へと発展し、西脇周辺で労働者が増えて、生産量もアップしたのだ。このころから、地域の統一したブランドとして〝播州織〟になり、大正期には、都市圏にも〝播州織〟のブランドが広がった。

昭和に入ると、業者数、生産額ともに飛躍的に増えて、一時は業者数が２７０軒、年産1億平方ヤードを達成。女子労働者も国内ばかりか、朝鮮半島からも採用していたそうだ。第二次世界大戦後には、復興需要に恵まれ、空前の好景気を迎えた。業界では、織機が一回「ガチャ」と動けば1万円儲かる、と言われ、いわゆる〝ガチャ万景気〟とも呼ばれた。

ところが、昭和40年代に入ると、石油危機や、円・ドル為替相場が固定相場から変動相場に移行した影響や、人件費の安い東南アジア諸国の攻勢などもあって、次第に環境は厳しくなった。

またその後の円高やバブル景気の崩壊、長引くデフレ現象などもあり、ますます経営環境は悪化。そのため産地ブランドの強化と、構造改革に取り組んだが、平成28（２０１６）年には、ピーク時の約９％となる約３４２２平方メートルにまで落ち込んだ。輸出の割合も、ピーク時の約60％から約15％と激減した。いまが正念場を迎えている、とも言えるのでは。

28

播州釣針は、生産量が日本一？

一時期、若い女性の間で釣りブームが起こった。平成23（2011）年ごろには、約930万人の釣り人口のうち、約4％を女性が占めていたそうだ。

ところが釣り人口は、総務省の調査によると、平成13（2001）年の約1607万人をピークに、同18（2006）年には約1134万人、同28（2016）年には約985万人と減少傾向にある。

釣り用品の市場規模は、ピーク時の平成9（1997）年の約3430億円から減少傾向。同27（2015）年は前年比3・0％増の約1275億3000万円、同28（2016）年には、前年比3・4％増の約1318億9000万円となり、同29（2017）年、同30（2018）年にも前年比2・4〜3・1％増を見込んでいる。

そうした釣り用品のうち、釣針は6・5％程度を占めていて、堅調な推移を見せている。釣針の国内出荷額は、業界の統計によると平成26（2014）年に約81億3000万円、同27（2015）年に84億2000万円、同28（2016）年、同29（2017）年も85億円前後を維持するそうだ。

その釣針生産量の約90％という高いシェアを占めるのが、川はあるが海に接していない西脇市や加東市周辺でつくられる〝播州釣針〟。しかしその歴史は古い。江戸末期の天保年間（1830〜1844年）に、京都や土佐（高知県）から製造技術を導入し、農閑期の副業として地域に根差したのだ。

西脇市周辺から京都には、丹波市氷上地域を経由すれば意外に近い。行商人が京都からチヌ（黒鯛）針、土佐針、毛針などを仕入れて西脇市周辺に売り歩いていたようだ。

これに着目した加東郡（加東市）の庄屋、小寺彦兵衛が土佐へ行き、釣針の製造技術を習得して地元に持ち帰り、農家の副業にさせようとした。

しかし簡単には、名の知られた土佐釣針の技術を他人には教えてくれなかった。そこで四国巡礼者と偽り、釣針職人と接触し、下男となって次第に信頼を得ながら、製造技術を習得した。実に10年の歳月を要した。

そして彦兵衛は嘉永４（１８５１）年に帰郷し、釣針の製造を始めた。彦兵衛は播州地域に釣針産業を定着させようと、弟子たちや釣針製造に参入した業者にも、快く技法を伝えたそうで、次第に釣針産業が播州、丹波地域ばかりか、隣接する岡山県方面まで広まった、と地元では伝わっている。

中でも江戸時代末から始まった播州毛鉤は、改良が重ねられ、明治に入るとさらに知名度が浸透し、生産量が増えてきたのだ。

近年は、釣り人が立ち入り禁止場所への侵入や、釣り具の放置などのマナー違反、あるいは漁船が波止釣りを楽しむ釣り人の近くまで網を引くので、魚影の減少も気になるところだ。

因みにアメリカの釣り人口は、人口の約11％に相当する３３００万人。うち女性は約27％の約９００万人。釣り市場規模は約５兆円。釣りへの関心事が、根本的に違うのか。

播州毛鉤

29

姫路市の鎖生産量は、日本一？

何気なく見過ごしているが、さまざまなところで、鎖（チェーン）が使われていることに、改めて驚かされる。大型船舶を係留したり、錨《いかり》をつなぐ直径150ミリメートル、外長800ミリメートル、外幅540ミリメートルという国内最大の鎖から、最小直径0・8ミリメートルという装飾用まで実に多彩だ。運搬用、漁具用、材木輸送用、建設現場用、自動車用、公園などの遊具用、エクステリア用、武具用など鎖の需要は幅広い。国内で鎖の生産量の約70％（約9300トン・約24億円）を占める主産地が、姫路市白浜地区だ。

姫路の白浜地区で、鎖の生産が始まったきっかけは、鎖とは無縁の酒造業を営んでいた瀬川長蔵《せがわちょうぞう》だった。瀬川は事業に行き詰まり、明治末期に大阪でワッシャーや船用の釘、鎖を製造していたところ、大正3（1914）年の第一次世界大戦で鎖の需要が急増したため、故郷の姫路・松原村（白浜町）に、古来、伝わる鍛冶《かじ》技術を活かそうと工場を建設したのだ。

その工場は、残念ながらその後に閉鎖されたが、技術を習得した多くの職人らが次々と鎖工場を建設して、鎖の生産地となった。

元々、松原村には〝松原釘〟と呼ばれる鍛冶技術があった。江戸時代、慶長6（1601）年、姫路城主、池《いけ》田輝政《てるまさ》が姫路城の改築工事を行った際に、松原村に伝わる古来の伝統的な『火造り』（熱した鉄を鎚で叩いて造る）による釘を使った、という実績があった。そのときの釘を〝松原釘〟と呼んでいた。

松原村にそうした鍛冶技術が伝わっていたのは、古来、この付近には製鉄技術を持った朝鮮半島からの渡来人の技術者集団が多く住み着き、釘鍛冶や農具の修理などをしていた、という下地があったからだ。

ただ、そうした昔からの『火造り』では、量産化や品質の面で、近代化された産業のニーズには、なかなか応えられなくなった。

そこに登場したのが、昭和37（1962）年に導入された、大型溶接機（フラッシュバット）だった。通電している2本の電線を接触させると火花が発生するが、その際に生じる熱で溶接する技術だ。これによって生産量が増加し、品質も向上した。

時代は、昭和29（1954）年から昭和48（1973）年まで続いた高度経済成長期の真っただ中。製鉄、造船、繊維、家電、化学業界などが設備投資を拡大し、生産を強化した。昭和30（1955）年から昭和48（1973）年までの18年間の経済成長率は、年平均10％以上を記録。いまの低成長時代に育った人には、想像もできないに違いない。

こうした成長時代に鎖業界も恩恵を受けたが、近年は海底油田掘削設備を固定するオフショアチェーンや、エクステリア用の小型チェーンなど様々な材質、サイズのチェーンの需要が出ている。

紀元前から地中海で発達した鎖。形や材質を変えて、わたしたちの生活に生かされている。無意識の中の製品、とも言えるのか。

30

日本一の生産地、淡路島の吹き戻しが人気化？

〝吹き戻し〟と耳にして、どういうものかピンとくる人は、どれほどおられるか。縁日やイベント会場などで売られている紙製の玩具《がんぐ》だ。プラスチックでできた咥え口を吹くと、丸められた紙管が伸びて、「ピーヒャラ」と鳴る、アレだ。

呼び名はピーヒャラ笛、巻取り、蛇笛、巻笛、ピロロロ、ぴろぴろ笛など音や形状からさまざまだが、どうやら〝吹き戻し〟が定着しているようだ。この〝吹き戻し〟は、近年、児童や高齢者、障害者向けの健康管理にもひと役買っているそうだから、単なる玩具と軽視できない。

昔、家庭に置き薬があったころ、サービスの紙製の風船に代わり、考えられたのが始まり、とも伝わっている。昭和40（１９６５）年代には、アメリカやカナダ、ヨーロッパにも数多く輸出され、ピーク時には、年間７０００万本にも上ったそうだ。しかし近年は、低価格の中国、韓国製が現われ、苦戦している。

現在、国内で生産される約80％を占めるのが淡路市の（株）吹き戻しの里。年間３００万本～５００万本を手がけているそうだ。それも２００種類以上と、さまざまにデザインされ、興趣を誘っている。その基本は、薄くて丈夫で、しかも空気が漏れないグラシン紙と針金、そしてプラスチック製の吹き口だ。

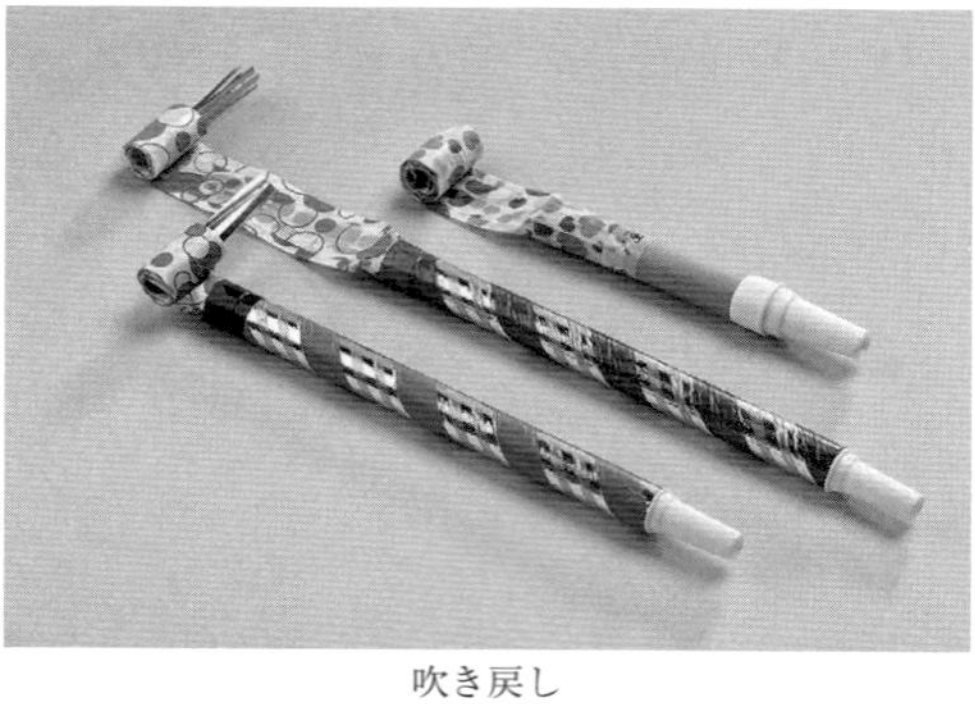

吹き戻し

薄い2枚の紙を張り合わせ、化粧紙を被せた紙の中に、0・18ミリメートルという細いステンレス製の針金を入れている。この針金で巻き戻すのだ。

そのために針金を〝しごく〟という作業が不可欠。アタマ（伸び縮みする部分）の中の針金に、巻き癖を付けるのだ。これにより針金がバネに変化し、針金を真っすぐに伸ばしたり、縮めたりできる。この技術は、海外でも真似ができないそうだ。

原材料を裁断したり、紙管（筒の部分）やアタマは機械化しているが、接着、組立は島内の約40軒の家庭が担当している。この吹き戻しに着目したのが、医療界。息を吹く行為が、呼吸法に役立つ、と見たのだ。

吹き戻しを吹くときには、息を深く吸って長く吐かなければならない。それが自然に腹式呼吸の訓練になっている。小児科・内科医の中には、この呼吸法を採り入れ、児童の軽い喘息の症状を緩和させて、重症予防に役立てている。養護学校でも言語障害児の訓練に利用しているケースもある。発声の基礎訓練に、遊び感覚で息を吸って吐く、という自然な行為が役立っているのだ。

また息が漏れないように、口蓋裂の児童には、唇をしっかりくわえさせ吹かせるので、唇の周りの筋肉が自然に鍛えられ、ストローを使って水分補給ができるようになった、という。

高齢者の口腔ケアでは、咀嚼《そしゃく》のための訓練を行っている施設もある。いずれも遊び感覚で利用でき、長続きできるのが受けている。何気なく見過ごされがちな玩具だが、知恵と工夫で、新たな用途を見出せそうだ。

31

淡路瓦は、日本三大瓦産地？

日本に屋根瓦が伝わったのは、『日本書紀』によると、５８８年ごろ、飛鳥時代直前。初期の屋根瓦は、仏教の伝来とともに寺院に多く使われた。当然ながら、寺院が多い西日本各地で、瓦が生産された。当時の瓦は、雪に対する耐性や凍害の影響があったので、関東以北では生産されなかったようだ。

次第に屋根瓦が普及すると、各地の土に合った瓦が手がけられた。その中で、日本の三大瓦産地と呼ばれるのが、国内の瓦生産の約70％を占める三州瓦（愛知県東部）と、質の高い〝いぶし瓦〟では全国一の生産量を誇る淡路瓦（兵庫県淡路島）、独特の赤褐色の〝来待瓦《きたまちがわら》〟で知られる石州瓦（島根県西部）だ。

淡路瓦の起源は、慶長15（１６１０）年にまで遡る。姫路城主の池田輝政の三男、忠雄が淡路島を所領として、成山城を築城する際、播磨の瓦職人、清水理兵衛《しみずりへえ》を呼び寄せ瓦を焼かせたのが始まり、と伝わっている。南あわじ市の旧西淡地域には、原料となる良質な粘土に恵まれていた。清水の指導を受けた弟子たちが、淡路瓦を育てたのだ。

淡路瓦には、〝いぶし瓦〟〝陶器瓦〟〝窯変瓦〟の3種類がある。淡路瓦の最大の特徴は、銀色のサエが美しい〝いぶし瓦〟と呼ばれるものだ。これには、粒子の細かい〝なめ土〟と呼ばれる地元の粘土を使い、焼成温度は１０００度と、石州瓦（１２００度）や三州瓦（淡路瓦と石州瓦の中間温度）にくらべると低く設定されている。

銀色に輝く〝いぶし瓦〟は、日本家屋の瓦屋根の棟端を飾り、寺社の建物を守る、守護神ともされる装飾瓦の鬼瓦や鴟尾《しび》に最適とされるのだ。

鬼瓦が定着したのは室町時代からで、江戸時代には、家庭円満、災害や疫病からの厄除けを願って、民家の棟飾りに普及した。

この鬼瓦にも、寺院の山門にある仁王像のように、口を開けた「阿《あ》」と口を閉じた「吽《うん》」の瓦がある。「阿」は、仏教で誕生を表わし、「吽」は悟りを意味するそうだ。この鬼瓦を屋根に据えるには、中国の陰陽説に則って、「阿」は向かって右に、「吽」は向かって左にする、という。

守護神とされる装飾瓦には、鬼瓦や鴟尾のほかにも唐獅子《からじし》、鯱《しゃち》、般若面、おかめ面、恵比須、大国、桃の実、宝珠などもある。奈良・唐招提寺の鴟尾は、現存する日本最古のもので、破邪と防火を願っているそうだ。

こうした大事な家屋を、災害や悪魔から防ぐための装飾は、日本だけではない。中世からの都市が残るヨーロッパでは、屋根の一角などに〝ガーゴイル〟と呼ばれる、怪物などの彫刻が載っている。筆者は、思わず何かと立ち止まり、首を傾げて見入ってしまった。

瓦産業は、個人住宅の着工件数の減少や、兵庫県南部地震（阪神・淡路大震災）の後遺症を受けての軽量瓦の使用、高層マンションの需要増などで、生産量は大きく減少している。そこでエコや環境、自然エネルギーに配慮した瓦を模索している。瓦にも一度、目を止めてみてはどうか。

淡路瓦が使われた橋の欄干

第4章

意外な歴史の側面

32

兵庫県が、首都になっていたかもしれない？

東京一極集中化が進む。その一方で、近年起こった都市型大震災や、オウム真理教による大規模なテロ事件、東京電力の福島県における原子力発電所の事故といった災害や事件、事故を考えた場合の首都機能維持も急がれている。

全面的な首都機能の移転はさすがにためらわれ、消費者庁の一部が徳島県に移転されたほか、文化庁も京都府に移転が予定されている程度だ。

首都移転論は、これまでにもたびたびあった。たとえば、関東大震災が起こった大正12（1923）年直後には、当時の陸軍参謀本部内で、首都移転の意見書がまとめられた。

移転先として当時、日本の施政下にあった朝鮮半島ソウル南方の竜山、兵庫県加古川市、東京都八王子市が挙げられた。

加古川市が選ばれたのは、歴史上大きな地震に見舞われていないこと、加古川の水量も水質もよいこと、この地の丘陵地は理想的な防空施設になる、という環境に恵まれている理由だった。ただし、皇居と政府機関、教育施設だけは八王子付近に移し、商工業地帯は阪神地方に置くことが最善とされた。しかしこの案は、実現しなかった。

その後も太平洋戦争中の昭和18（1943）年、首都を岡山県行幸村（現・瀬戸内市）、朝鮮京幾道京城府、福岡県福島町（現・八女市）に移転する案が浮上したが、終戦で消滅。戦後も富士山周辺への新都建設構想や浜名湖首都移転構想が取り沙汰されたが、いつの間にか消えた。

バブル景気の平成2（1990）年には、国会で「国会等の移転に関する決議」を採択したが、これもいつの間にかトーンダウン。

一時期とはいえ、神戸に遷都された歴史があった。平安時代末期の治承4（1180）年、出家した平清盛が、京都から神戸の別邸があった福原に遷都したことを想起されるであろう。神戸市兵庫区雪御所町《ゆきのごしょちょう》の旧神戸市立湊山小学校には『雪見御所《ゆきみのごしょ》』碑が残っている。皇居はこの御所の北辺にあり、安徳天皇が在所した。

清盛が福原に着目したのは、宋との貿易を拡大するのに役立つ大輪田泊があることや、西国と京都を結ぶ山陽道があり、物資や人の往来の要所にあるから、と考えたようだ。ただ福原遷都を決める前には、福原では土地が狭いという議論が続出して、いくつかの候補地が挙がった。その一つが伊丹市の昆陽野《こやの》だ。

雪見御所跡

また福原遷都と前後するが、清盛の愛人とされる厳島神社の内侍《ないし》が「昆陽野ではだめだ。播磨の印南野《いなみの》に遷都しろ」とのご託宣を出したことから、昆陽野は外れた、とも伝わっている。印南野は加古川を中心とした台地だ。

結果は福原京となったが、清盛は周囲の声や、源氏の台頭が気になり、わずか6か月という短期間で、福原京から京都に戻った。

首都移転の候補地にもなった兵庫県。昆陽野や印南野という平地が都になっていたら、その後の兵庫県はどうなっていただろうか。防備を考えると、首都移転は難しい課題だ。

33

足利幕府を揺さぶった、播磨と但馬の守護大名って誰？

初代の足利尊氏が将軍に就き、幕府を開いて第15代義昭まで、250年間続いた足利幕府（室町幕府）。その間の第8代将軍義政の時代、応仁元（1467）年から文明9（1477）年までの約11年間にわたって、全国的に拡大した最大の騒乱がいわゆる応仁の乱。

この応仁の乱は、主役が入り乱れ、複雑な人間関係が交錯した、不可解な騒乱だった。それが後の戦国時代への序章にもなったのだ。

応仁の乱が起こるまでに、伏線があった。なぜこのように、幕府内で勢力争いが起こったのか。足利幕府は成立以来、細川、畠山、斯波の三管領や有力な守護大名による合議制を採っていて、その基盤は脆弱であったのだ。その脆弱な足利家の権力を強固にしようとしたのが、それまでの合議制に不満を持っていた、第6代将軍の足利義教《よしのり》。義教は将軍職に就くと、勢力争いに乗じて、守護大名を抑えようと専制政治を布いた。

それに反発した北畠満雅《きたばたけみつまさ》や管領の斯波、畠山、京極、土岐、一色らにも圧力を加えたり、義教を手助けしていた播磨の守護大名、赤松満祐《あかまつみつすけ》にも触手を伸ばした。満祐の弟、義雅の領地を没収して遠縁の赤松貞村に与えたり、満祐自身の領地を没収する、との噂まで出る始末だった。

次第に将軍の義教と満祐の間に溝が深まった。そうした中、満祐は嘉吉元（1441）年に合戦の祝勝会と称して、義教を自邸に招き宴たけなわとなったときに、策略を用いて義教を暗殺したのだ。

これがいわゆる嘉吉の乱だ。満祐はいち早く京都の自邸を焼き払い、自国の播磨に逃れ幕府側の追討に備えた。

独裁的だった将軍義教の暗殺、という前代未聞の事件に幕府は混乱した。義教の子息は幼いうえに、有力な一族も少なかったので、対応に苦慮した。

そこで管領の細川持常、山名宗全、赤松貞村らは、朝敵とされた満祐が籠る播磨、美作、備前などに侵攻した。遂に満祐は、城山城（たつの市）で自害した。この嘉吉の乱が、混迷の時代に突入する契機になった、とも言える。

嘉吉の乱で威信を失った将軍家は、嘉吉2（1442）年、まだ幼い義勝を第7代将軍に選んだが、翌年に死去。その後を襲ったのが第8代将軍の義政。

これで幕府は落着くかと思ったが、幕府内の争いは相変わらずだった。それが応仁の乱に行き着くのだった。発端は管領、畠山と斯波の家督争いだったが、いつの間にか管領の細川勝元と但馬の守護大名、山名宗全との勢力争いに発展した。

畠山政長の後見人の細川勝元と、畠山義就の後見人、山名宗全がそれぞれ対立。また斯波義敏の後見人の細川勝元と、斯波義廉の後見人の山名宗全がここでも対立した。

元々、細川勝元と山名宗全は義理の親子関係で、良好であった。山名宗全の養女が勝元の妻になり、勝元夫妻に実子ができなかったので、宗全の息子の豊久を養子としたくらいだ。ただし勝元夫妻に実子が生まれると、豊久は廃嫡されたが。

またふたりは、赤松一族が滅ぼされた後に、赤松家再興に際し、細川勝元の支援を受けて、赤松政則が加賀国の守護に任命されたのに、山名宗全が反対するなど、両者は対立していたのだ。

それに火を注いだのが、第8代将軍、足利義政の後継をめぐる騒ぎだった。義政には実子がなかったので、将軍職を実弟で僧職にあった浄土寺門跡の義尋《ぎじん》に譲ることを決めた。義尋はこれに応えて、管領の細川勝元を後見人として還俗し、義視《よしみ》と名を改め後継の将軍を目指した。

ところがここで誤算が生じた。義政と正室の日野富子の間に後嗣が生まれたのだ。我が子義尚《よしひさ》（後に義煕）を後継の将軍にしたい義政、富子と、義視とが対立した。富子は山名宗全に近付き、義視の将軍職阻止を謀った。応仁の乱の幕開けだ。

義政、義尚、富子は義尚の後見人、山名宗全を総大将として山名宗全の邸（京都市上京区山名町・西陣）に西軍の陣を置いた。

一方の義視は、後見人の細川勝元を総大将に、細川勝元の邸（京都市上京区挽町）に東軍を置いた。両者の間は約８００メートル、徒歩約５分、という至近距離で睨み合った。

ここに将軍家の後継争いは、細川勝元と山名宗全の両派に分かれ、全国の守護大名らも二分されたのだ。両軍は裏切りなどもあって入り乱れ、西軍には結束力が乱れたこともあってか、遂には東軍の攻勢に西軍が敗れ、お互いが和睦を図った。

その結果、義尚が義政の後継として第９代将軍に就き、第10代将軍には義視の実子、義材（後に義稙《よしたね》）が就くことで決着したのだ。山名宗全も和睦を願っていた、と伝わっているが、乱後には病死した。

義視は実子が第10代将軍に就くと、幕府の大御所として幕政を牛耳ったが、死後は再び将軍職をめぐって騒動が起こるとは予想もしていなかったのでは。

一方の赤松満祐と山名宗全のふたり。赤松満祐は山名宗全より年長で、播磨地域の守護大名として、一時は幕府の要職を務めていたが、ときの将軍の意向に左右されて、思わぬ行動を余儀なくされた。ただ嘉吉の乱が、その後の足利幕府の混乱に与えた影響は少なくなく、さらには〝国盗り物語〟とも言われる戦国時代への予兆を与えたことは、注目されるのではなかろうか。

ついでながら、赤松一族の岡本三河房祐次に始まる田原甚右衛門の三男として、播州宮本村に生まれたのが、剣豪、宮本武蔵玄信と伝わっている。

また山名宗全の家系は、但馬地域で生野銀山を開発して財力を蓄え〝天空の城〟として人気の高い竹田城を築き、但馬地域を治めたが、戦国時代に入ると、織田信長、豊臣秀吉、徳川家康の旗下になり、衰退をしていった。いまは生野銀山も、竹田城址も多くの観光客でにぎわっている。これも山名氏の実績か。

足利幕府で重責を担い、その一方で図らずも幕府の衰亡に少なからず影響を与えた、ふたりの守護大名が播磨と但馬にいた、という事実は、いかにこの地が経済力においても、また地政学的においても、欠かせなかった、と言えるのではなかろうか。

赤松氏も山名氏も、戦乱に拍車をかけただけなのか、それとも舞台回しに利用されただけなのか。歴史の間にふたりは消えた。

姫路市が、皿屋敷伝説の発祥地か？

怖いもの見たさは、洋の東西を問わず、時代が変わっても、人の心は変わらないようだ。

日本の三大怪談は、小説や映画、舞台などでも知られる、四谷怪談（お岩）、番町皿屋敷（お菊）、牡丹灯篭（お露）と言われている。

中でも奉公人の女中、お菊が、大事な皿を割った、という無実の罪を着せられ、殺されて井戸に投げ捨てられた皿屋敷伝説。多少の設定は異なるものの、大筋で共通の話が、岩手県滝沢市から鹿児島県さつま市、長崎県五島列島福江島まで、全国に多数伝わっている。

他の怪談には見られない現象だが、それだけ皿屋敷伝説が、人の口の端に上るのはなぜなのか、そしてその発祥はどこなのか、という別の興味が出ても来るのではなかろうか。

よく知られる番町皿屋敷は、江戸時代宝暦８（１７５８）年に講釈師、馬場文耕の『皿屋敷弁疑録』で語ったことが元になり怪談芝居の番町皿屋敷になった、とも言われている。

あらすじは、牛込御門内五番町に住む旗本の青山播磨守主膳が、大事にしていた皿10枚のうち１枚を、下女の菊が誤って割った、として菊の中指を切った後、手打ちにすると言って監禁したが、菊は縄付きのまま部屋を抜け出し、庭の古井戸に身を投げた。

その後、毎夜、井戸の底から「ひとつ、ふたつ」と皿を数える女の声が聞こえてきたことや、青山の奥方が産んだ赤子の中指が無かった、という噂が広まり、公儀の耳に入り、青山の所領は没収された。公儀が、菊の霊を慰めると菊の亡霊は消えた、というものだが、青山は実在しない人物だ。

この話によく似たのが、江戸時代後期、寛保元（１７４１）年、大坂で上演された播州皿屋敷という浄瑠璃だ。お菊という女中や皿にまつわる話、古井戸、恨みなどは番町皿屋敷の下敷きのようだ。

それらの原型になったのが、室町末期の天正５（１５７７）年、永楽竹叟《ながらくちくそう》が著した『竹叟夜話《ちくそうやわ》』と言われている。『竹叟夜話』では、守護大名の山名宗全が播磨を治めていた時代とし、姫路の西方の青山の地を任されていた、重臣の太田垣主殿助《おおたがきとのものすけ》をモデルとした小田垣主馬助《おだがきしゅめのすけ》の館が舞台。侍女の花野が、言い寄る若侍の謀で、主君拝領の鮑貝（５枚揃い）の盃を無くした、と疑われ、拷問されたうえ殺害された。その怨念が夜な夜な現われ、恨みを晴らそうとした、という話だ。ここではお菊ではなく花野という女性。皿は出てこないし、井戸も出ない。

この話を基に、播州皿屋敷では、まだ若い姫路城主、小寺則職《のりもと》の重臣、青山鉄山がお家乗っ取りを画策した経緯の中で、侍女のお菊が家宝の皿を無くしたと罪を着せられ、庭の松の木に吊るされた後、井戸に投げ込まれて殺され、その夜から皿を数えるお菊の恨み声が聞こえた、という筋書きだ。番町皿屋敷の青山播磨守は、ここから採られたようだ。姫路城内の上山里曲輪には〝お菊井戸〟、市内には〝お菊神社〟が祀られている。

こうした皿屋敷伝説は、虐げられた女性の恨み声を代弁したのかもしれない。

姫路城内にある「お菊井戸」

宮本武蔵は、都市計画の名人だった?

二刀流を編み出して、連戦連勝の剣豪、宮本武蔵。天下分け目の関ヶ原の合戦にも参戦した、という江戸時代初期の剣術家だが、その実像には謎が多い。武芸ぶりはよく知られるが、かなり脚色された面もあるようだ。

また武蔵の生い立ちも不明なのだ。一説には天正12(1584)年とか天正10(1582)年の生まれ、正保2(1645)年に62歳で没したとあり、計算が合わない。

それに生国も播磨とか、美作(岡山県美作市・旧大原町)とあって、不明なのだ。美作には父親と言われる新免家があり、筆者も訪れたが、近くには小さな宮本神社がある。

名前は晩年に著した『五輪書』の中で、新免武蔵守・藤原玄信《はるのぶ》と名乗り、自らの素性を、播州の名族であった赤松氏の末裔と称している。

研究家によると、赤松一族の岡本三河房裕次の子孫が、神崎郡田原(福崎町)に移り住み、岡本系に対して田原系と称した、という。玄信は田原系の甚右衛門の三男として、播州宮本村(揖保郡太子町宮本)で生まれたとしている。現地の宮本公園には『宮本武蔵生誕之地』の記念碑が建てられている。近くの山には『武蔵神社』がある。

また宝暦12(1762)年の地誌『播磨鑑』には、武蔵が揖東郡鵤ノ荘宮本村(現太子町)で生まれた、と記されている。

武蔵の武名が聞こえるにつれて、姫路藩、尾張藩、小倉藩、熊本藩などに出向いて剣術指導をしているが、中でも注目すべきは、剣術指導ではなく、城下の町割り（都市計画）でも腕を振るったことだ。
それが明石城下の町割り（都市計画）だ。武蔵が明石城下の町割り（都市計画）に関わったのは、初代藩主、小笠原忠政（後に改名して忠真）の時代。慶長17（1612）年に、武蔵が巌流島での決闘で勝利してから5、6年後になろう。

忠真は元和3（1617）年に信州松本藩主（8万石）から、明石藩主（10万石）に移封され、当初は屋敷構の船上城《ふなげじょう》に入ったが、第2代将軍の秀忠が西国諸藩の備えとして忠真に築城を命じ、姫路城主の本多忠政の指導を受けるように伝えた。

本多忠政は小笠原忠真の岳父。忠真は早速、候補地として源平合戦で一の谷の古戦場に近い要害の地の塩屋、室町時代に構があった岡の和坂、室町・戦国時代に戦略地となった人丸山（赤松山）を挙げた。それを聞いた秀忠は、現在地の人丸に決めて築城を急ぐように命じ、銀千貫（現在の約31億円）を与えて、3人の普請奉行を派遣した。

幕府が直接造営した工事は、城の中核になる御殿として居住できる本丸、本丸に次ぐ主要な曲輪となる二の丸、家臣たちの屋敷になる場合もある三の丸だけで、そのほかの工事は幕府と明石藩の共同工事になった。

そのときに使われた用材は、元和元（1615）年に幕府が出した一国一城令により廃城となった伏見城、船上城、三木城、高砂城などの資材だった。

当初の明石城は、本丸の四隅に三重の艮櫓《うしとらのやぐら》（北東）、巽櫓《たつみのやぐら》（南東）、坤櫓《ひつじのやぐら》（南西）、乾櫓《いぬいのやぐら》（北西）を配した。いまも残るのは、巽櫓と坤櫓。

天守閣を建てるための石垣を組んだが、戦乱が治まったことや、経費のことも考えて、結局、天守閣は建てられなかった。本丸は一部三階建てだったが、その後の火災で焼失したと伝わっている。

その際、城下の町割り（都市計画）に携わったのが武蔵だったのだ。なぜ武蔵なのか、という疑問が出てこよう。実は武蔵は、郷里の姫路藩主、本多忠政の知遇を得ていて、剣術を教える傍ら城下の寺院の造園にも手腕を発揮していたことから、明石城の造営に当って、娘婿の忠真に推挙したのだ。

武蔵は元和３（１６１７）年から始まった工事で、追手門から南側の海岸までの一帯を縄張りにして、新しい町づくりの陣頭指揮を執った。沼や池を埋め立て、川の流れを変えたり、起伏のある土地を均《なら》したりと、工事現場を巡回した。

武蔵が計画した明石の町は、いまの明石市内の中心となる繁華街に加えて、東本町、西本町、信濃町、西魚町、東魚町、細工町、鍛冶屋町、明石町、東樽屋町、西樽屋町の10か所。町並みも裏行きも16間（29メートル）と整然とした区画にしていた。

武蔵は町割り（都市計画）の他にも、姫路でも腕を発揮したように、本松寺《ほんしょうじ》（上の丸町）、円珠院《えんじゅいん》（大観町）の庭園をつくった。

元和３年の冬に始まった明石城築城は、元和５（１６１９）年の夏に完成した。人丸塚は、城の守護神として本丸前に移されたが、その後、一般町民の参詣を考えて、３年後にいまの場所に人丸社と別当の月照寺を設けたのだった。

万治２（１６５９）年、第６代藩主、松平信之《のぶゆき》は、中国の故事に因み、この城を喜春城《きしゅんじょう》と名付けた。

武蔵は明石に在住していたときに、自身の流派を『円明流』と名付けたようだ。その由来は、明石の月は格別に美しく、月の名所と言われていて、「四智円明」が謡曲の「源氏供養」にある「四智円明の明石の海」から採った、と伝わっている。後に『二天一流』としたのは、晩年に名付けられたそうだ。

忠真は寛永9（1632）年に、九州の小倉藩に移封され、武蔵はよほど忠真に気に入られたのか、忠真の客臣として小倉藩に同行した。

晩年の武蔵は書画や工芸に才能を発揮している。有名な『枯木鳴鵙図』『紅梅鳩図』などの水墨画などは、一芸を遺した剣豪の鋭い筆さばきが人の目を引き付けている。

剣術の奥義をまとめた兵法書の『五輪書』は、国内、外でも注目されているが、寛永20（1643）年から正保2（1645）年の死の直前まで、熊本市近郊の錦峰山の霊厳洞で書かれた。武蔵は千葉城（熊本市）の屋敷で、62歳の生涯を閉じた。その墓は武蔵塚公園内（熊本市）にある。

伝説とその激しい生き方に目が行きがちだが、その一方、人生の半ばに新しい城下町づくりを進める工事現場で、汗水たらす作業員を励ました武蔵。明石城の町割り（都市計画）と庭園づくりに、武蔵の足跡が残された。

人々の暮らしを支える町づくり。心が穏やかになる庭園づくり。そのどちらも武蔵の素顔なのかもしれない。もう命がけで剣を交えることはない、と思ったのであろうか。

36

大奥の実権者が、丹波市の黒井城生まれ？

歴史好きの女性を〝歴女《れきじょ》〟と呼ぶそうだ。その中でも、徳川将軍の大奥を舞台にした、華やかで、かつ大奥女中の権力争いを描いたドラマに、女性ファンの目が引きつけられるのかもしれない。

徳川幕府の中で、将軍家を体した大奥と、幕閣とのやり取りには、政権の表と裏の駆け引きが透けて見えて、関心を呼ぶ。

その徳川将軍家の大奥を、確固たる基盤に仕上げたのが、第3代家光の乳母として権勢を誇った兵庫県ゆかりの名高い春日局《かすがのつぼね》だ。

本名は斎藤福。天正7（1579）年、明智光秀の重臣、斎藤利三《としみつ》と母、安（稲葉良通・一鉄の娘）との間に、丹波の黒井城（丹波市）の下館、興禅寺《こうぜんじ》で生まれた、と伝わっている。

斎藤は光秀に代わって丹波を治めていたが、黒井城は急な坂道を登る山城なので、普段は下館として興禅寺に居住していた。筆者は山上の城跡に登ろうとしたが、急坂道なので断念した。

春日局が生まれた黒井城の下館跡の興禅寺（著者撮影）

その興禅寺には、いまも〝お福産湯の井戸〟〝お福の腰かけ石〟と伝わるものがあり、七軒堀と野面《のづら》積みの陣屋の姿を残している。

福はこの地で3歳まで過ごしたが、光秀が本能寺を急襲して織田信長を討ち、その後は秀吉に敗れると、父の利通も自害。福は辛くも一命を取りとめたものの、波乱の人生を送ることになったのだ。

福はやがて母方の稲葉一族で、岡山藩の小早川秀秋の重臣、稲葉正成《まさなり》の後妻となり正勝、正定、正利の母となった。しかし小早川秀秋の死後、お家断絶で正成は浪人となり苦難するが、将軍家の乳母に上がるために正成と離婚。乳母になる経緯には、京都で乳母応募の高札を見て応募したとか、周辺の人物からの推薦を得て採用されたとか諸説あるが、乳母に上がってから、福の手腕が存分に生かされた。

福は第2代秀忠と浅井長政と市の三女、江《ごう》（江与）の間に生まれたとされる二男、竹千代（家光）の乳母になったが、秀忠と江は病弱で吃音の竹千代より、健康で聡明な三男の国千代（国松・忠長）を可愛がったので、駿府にいた大御所の家康に直訴して、第3代将軍に家光を就かせたのだ。

家光の将軍職就任を契機に、福は大奥を取り仕切るようになり、その後の大奥の基盤を確立した。そのことから将軍家の権威を背景に、幕閣、老中とも対抗して実質的な権力を握ったのだ。

春日局と名乗るようになったのは、幕府と朝廷との関係修復のため、秀忠の名代として、後水尾天皇と正室の和子（秀忠と江の娘）に拝謁した際に、従三位（後に従二位と緋袴着用も許された）とともに、朝廷から下賜された名称、と言われている。

春日局は、実子の稲葉正勝を家光の小姓に上げて、後に老中にまで出世させ、遂には小田原藩主にまで上らせた。寛永20（1643）年、64歳で死去。大奥を確立し、政治力を兼ね備えた女傑でもあった。それが魅力にもなっているのかも。

神戸事件で詰め腹を切らされた、瀧善三郎の無念とは？

幕末から明治時代に入る混乱期に、無念の死を遂げたひとりの若い武士がいた。彼はいわゆる〝神戸事件〟で、外国側と対峙し、事態の収拾を急いだ倒幕派と、追い込まれていた幕府側の間で、詰め腹を切らされた不幸な犠牲者とも言えた。その名は、岡山備前藩士の瀧善三郎正信《たきぜんざぶろうまさのぶ》。

なぜ瀧ひとりが犠牲になったのか。その前に神戸事件の概要を知る必要があろう。徳川幕府の最後の将軍になった徳川慶喜が、苦肉の策とした大政奉還の意志を表明したのが慶応3（1867）年。

そこで明治新政府は、幕府の直轄地の収用を急いだ。幕府の天領の西宮一帯を抑えるべく、岡山備前藩に警備の勅命を下した。備前藩は、大目付の雀部《ささべ》治郎兵衛ら4人を先発させ、次いで家老の日置帯刀《ひきたてわき》が率いる340人の主力部隊が、西宮に急いだ。

一行はすでに神戸外国人居留地となっていた、いまの大丸神戸店前にある三宮神社前を通過していたところ、隊列の前をフランス兵が横切ろうとしたので、一行はそれを制止した。

それにもかかわらず、アメリカ水兵も横切り、さらにイギリス水兵は、短銃を向けて威嚇した。危険を察知して、前列で指揮をしていた砲兵隊長の瀧が、隊士に命じたので、イギリス水兵に槍を振るい、浅手を負わせた。

それが引き金になり、備前藩と外国兵との間で、激しい銃撃戦となったが、備前藩は辛くも居留地を脱して、

三宮神社には神戸事件の碑が立つ（著者撮影）

西宮に到着した。

この事件で、外国側の激しい抗議を受け、明治新政府は難しい外交課題を突き付けられた。

中でも新政府側に強硬な抗議をしたのが、幕府側を支援していた外交団代表のフランス公使、レオン・ラ・ロッシュだ。外国事務掛の東久世道禧《みちとみ》に「備前藩の指揮官を処刑せよ」と迫ったのだ。

困った新政府側は外国側の要求を飲み、該当者を兵庫に送るように備前藩主に伝えたところ、藩主の池田茂政は立腹した。

そこで新政府を支えた下級公家の岩倉具視《いわくらともみ》が茂政を説得した結果、茂政は日置にそれを伝え、日置もまた瀧にそのことを告げた。

瀧は強く抗弁したが、折衝に当たっていた伊藤博文、五代友厚らは「表向きだけ取り繕えば、彼らも納得する。辞令だけの切腹だ」と、形ばかりの説得で瀧を送り出した。

瀧は各国公使や備前藩代表、伊藤博文らが参列する兵庫南仲町の永福寺に、切腹の装束で引き出された。

夜半、介錯人の備前藩士が、切腹の所作に入った瀧の耳元に何事かをささやくと、既に我が子らに遺書を残していた瀧は覚悟を決め、作法どおりに従った。刹那、白刃が一閃《いっせん》した、と伝わっている。

主家を守る行為が、外国人側との板挟みになり、幼子を残し詰め腹を切らされた。32歳の瀧の無念を、主家や明治新政府の要人は、どう受け止めたのか。

とかく外圧に弱いと言われる日本の外交能力の欠如は、この一件から始まったのか、とも思いたくなる。

38

室津港は、日本有数の宿場町で、遊女発祥の地だった?

たつの市の播磨灘に面した、三方を山に囲まれた静かな漁港の室津。「室の如く静かな津」と称えられた。

かつて江戸時代まで、西国大名の参勤交代でにぎわい、日本有数の宿場町として栄え、また遊女発祥の地とも言われた所とは、想像できないのでは。しかし、狭い町並みには、往時の繁栄ぶりを想起させる古い建物や、かつての本陣跡を示す石柱がいくつも残されていて、当時にタイムトリップできそうだ。

室津港は、奈良時代の僧、行基によって開かれたと伝わる。土木工事に長《た》けた行基は、伊丹市の昆陽池や、神戸市兵庫の大輪田泊などを手がけた。行基が手がけた『摂播五泊《せっぱんごはく》』(尼崎市・河尻、大輪田泊、明石市・魚住、姫路市・的形、室津)の一つ。古くは、神話の時代から利用されたと伝わるが、平安時代には、厳島神社に詣でた平清盛、讃岐に流された法然上人、九州から再起した足利尊氏らも室津を利用した。

友君橋と室津の海

西国と京都を結ぶ瀬戸内海の海上交通の要衝地として、その役割が大きくなり、〝室津千軒〟とも呼ばれるほど、日本最大規模の宿場町として栄えるようになった。

最盛期を迎えたのは、江戸時代。江戸幕府へ大名の参勤交代が常態化したからだ。西国の大名は、海路で室津に上陸し、山陽道、西国街道を経て江戸に向かった。70もの大名が利用したそうだ。

室津を利用したのは、大名ばかりではない。長崎・出島の居留地に暮らしていたオランダ人のカピタン（商館長）らの一行や、李氏王朝からの朝鮮通信使も室津を経由している。

そのため、室津には6軒の本陣（肥後屋、肥前屋、紀国屋、筑前屋、薩摩屋、一屋）があった。通常は1、2軒の本陣だったので、いかに大勢の人が往来したのかが、窺われる。

江戸時代の戯作者、井原西鶴は『好色一代男』の中で、遊女の始まりは江州の朝妻と、播州の室津と記している。これが元になり、室津が〝遊女発祥の地〟と伝わったようだ。

平安時代末期の源氏の武将、木曽義仲《きそよしなか》の愛妾、友君（山吹御前）が、戦に敗れて流れ着き、室津で遊女に身を落としたのが由来だ。高台の浄運寺《じょううんじ》には『遊女友君の塚』の石碑がある。

また西鶴作『好色五人女』の中の『姿姫路清十郎物語』や、近松門左衛門の浄瑠璃『五十年忌歌念仏』に出てくる〝お夏清十郎〟の悲恋物語の手代、清十郎の生家跡地（造り酒屋）の石柱もある。

姫路の旅籠屋とも米問屋の娘とも言われる、お夏が、手代の清十郎と恋仲になり、駆け落ちしたが捕まり、清十郎は打ち首になった。お夏は狂乱して行方不明になった、という実話を元に書かれたものだ。浄運寺にはゆかりの像がある。

明治時代になると、内陸部に鉄道が敷設され、急速に海路交通から陸上交通に変わったので、室津港の役割は衰退した。

栄華の足跡と遊女の悲話、お夏と清十郎の悲恋物語のギャップ。往時に思いが重なるのでは。

39

三大お家騒動が、出石にあった?

よく巷間で言われる三大お家騒動に江戸時代の黒田騒動、伊達騒動、加賀騒動が挙げられる。ただ、いまは実際に幕府の介入がなかった、と見られ、加賀騒動はなかったのではなかろうか、とされている。その加賀騒動に代わって三大騒動に挙げられているのが、出石藩に起きた仙石騒動だ。

徳川幕府が定着する第3代将軍家光の時代には、幕府の権力を強固にするため、有力な外様大名の勢力を削ぐ必要があった。

そのため各藩のお家騒動を利用して、藩の取り潰しや領地の削減をはかったのだ。その結果、開幕50年間で200を超す藩が取り潰されたり、領地を削減された。

仙石騒動の前に、黒田騒動、伊達騒動について、簡単に説明する必要があろう。まず黒田騒動だが、黒田家の福岡藩で、元和9(1623)年、第2代の黒田長政の後を継いだ忠之は、重臣の栗山大膳らの補佐を受けたが、その一方で小姓上がりの倉八十太夫らを重用し、栗山らの諫言を聞かずに、大きな軍船や足軽隊の新設などを進めた。

幕府による藩の取り潰しを恐れた栗山らは、忠之を諫めたが、ふたりの対立は激しくなり、忠之は栗山の暗殺をはかった。栗山は、窮余の一策として止むを得ず、幕府に忠之の謀反を訴えた。幕府は審問の結果、謀反の疑いを解き、領地は一時没収の上、その後、先代の功績に免じて領地を安堵した。

また伊達騒動は、江戸時代前期、第3代仙台藩主となった伊達綱宗が、遊興三昧に明け暮れたので、叔父の伊達宗勝は諫言したが、聞き入れられず、ついには親族と諮って幕府の老中に忠告を訴えた。それにもかかわらず、いっこうに放蕩は止まなかった。

宗勝らは、再度、親族や重臣との連名で幕府に綱宗の隠居と、嫡子、2歳の亀千代（後の綱村）の家督相続を願い出て、ようやく願いが叶い、藩主交代となった。

ところがその後、大叔父の宗勝が幼い綱村を補佐するうちに実権を握ると、親族間の領地争いや家臣間の争いが増え、家臣らは幕府に、宗勝の専横を訴えた。

幕府は、寛文11（1671）年、関係者を老中邸に呼び審問したが、結論を得なかったので、場所を大老邸に移して審問していたところ、同行していた宗勝派の重臣、原田宗輔が、反宗勝派の伊達宗重を斬殺。そして反宗勝派の柴田朝意と切り合いとなり、原田は即死。柴田も死亡するという事態となり、関係者らは処罰された。

本題の仙石騒動。江戸時代の後期、天保5（1834）年に起きた。信州から国替えとなった、蕎麦好きの政明から数えて5人目の出石藩主となった、仙石政美の時代。

この騒動でも、藩の財政をめぐった藩主の親族間での勢力争いと、後継藩主の座をめぐっての主導権争いが背景にあった。

というのは、仙石家の藩祖、秀久の長男、久忠の子孫には、兄の家系の式部家と弟の家系の主計《ちから》家があり、この両家が藩の重臣として藩政を担っていたのだ。

騒動は式部家の仙石左京と、主計家の仙石造酒《みき》のふたりが、藩の財政再建をめぐって対立したのがきっかけになった。当時、藩は6万両という借金を抱えていた。その返済のため財政担当をしていた造酒は、質素倹約に務めたが成果は上がらなかった。

代わった左京は、藩士からの上米制や大坂商人から借金し、商業を盛んにして税収を上げようとしたが、あまりにも強引な改革に藩内からの反発が激しくなった。

それに追い打ちをかけるように、藩内の商家が大火で焼失した。左京の改革は頓挫したことから、再び造酒が担当したが、元々仲がよくなかった両家の間にはますます溝が深まった。

藩内の士気が弱まったところに、藩主の政美が急逝したので、今度は後継藩主を早急に決めなければならなくなったのだ。あいにく政美には男子がいなかった。江戸藩邸で前藩主の久道はじめ左京、造酒らの重臣が鳩首会議を行ったが、その席上に左京が嫡子の小太郎を同行させたことから、造酒は次の後継者を左京が狙っている、と推論して久道に左京の排斥を上申した。左京を藩政から追い出したのだ。

ただし後継藩主には、久道の十二男で政美《まさみつ》の末弟になる僅か4歳の久利が就いた。実権を得た造酒だったが、その後、トラブルを起こして罷免され、やがて失意のうちに病死したので、再び左京が藩政改革の中心となり造酒派を一掃したのだ。

左京の嫡男の小太郎には、幕府の老中、松平康任《やすとう》の姪が嫁していたので、いずれ左京は小太郎を藩主にするのではないか、との噂が広まっていった。

それを伝え聞いたのが、無聊《ぶりょう》をかこっていた幕閣の老中、水野忠邦と寺社奉行の脇坂安董《やすただ》の両人。この騒動を利用して、松平康任を追い落とし、功績を上げたい、との思惑で一致し、この真相を調べた。

訴状をもとに詮議した結果、左京とその縁者に厳しい判決を下した。左京は獄門さらし首とされ、嫡男の小太郎は八丈島に流罪、さらに松平康任は、他の罪を着せられて隠居させられた。

この裁きは見事、とされ水野は老中首座に、脇坂は老中にそれぞれ出世したが、水野はその後に天保の改革で失脚し、脇坂は急死。

出石藩は藩主、久利の監督不行き届きを咎《とが》められ、知行5万8000石から3万石に減封された。結局、仙石騒動は仙石一族の権力争いと、それに乗じた幕府要人の出世競争に利用されたようだ。

今は観光客でにぎわう出石城下

小京都と言われ、名物の皿蕎麦に舌鼓をうつ観光客でにぎわう出石。かつて日本三大騒動にも挙げられる、仙石騒動があったことを示す高札が、左京の旧家老屋敷に掲げてある。そこには次のように記されている。

「文政七年（１８２４）江戸参勤の途中発病して急逝《きゅうせい》した藩主政美の後継《あとつぎ》をめぐって主席《しゅせき》家老仙石左京と老臣《ろうしん》たちが9年間の長きにわたって対立《たいりつ》し争《あらそ》った事件です　これが幕府《ばくふ》の知るところとなって天保六年（１８３５）左京以下三十一名の藩士は断罪され仙石氏は五万八千石から三万石に減俸《げんぽう》されました　その後この騒動は講談《こうだん》や歌舞伎《かぶき》によって評判《ひょうばん》となり世に広く知られています」

町中を楽しむ観光客は、この高札をどのように受け止めているのか。余計なことだが。

兵庫の謂われと、兵庫県の成り立ちは？

そもそも兵庫の地名って何に由来しているのか、という疑問を持つ。全国の都道府県の地名には、山や島、岡、岩、木、川などの自然に因んだものが多いが、兵庫は戦《いくさ》を連想する兵という名が付き、少し異質にも思える。これには二つの説がある。

一つは、飛鳥時代の大化元（６４５）年、中大兄皇子《なかのおおえのおうじ》らが、蘇《そ》我入鹿《がのいるか》を倒した、いわゆる乙巳《いっし》の変《へん》（大化の改新）の直後に、この地域に武器を収めた倉庫として兵庫《つわものぐら》を置いた、という説だ。

もう一つは、奈良時代以前から、阪神地方を武庫《むこ》と呼んでいた、という説だ。当時は武庫川辺りが中心地だったようだ。

この武庫という地名にも諸説ある。古事記、日本書紀にも伝わる古代の神功《じんぐう》皇后とされる人物が、朝鮮半島に出兵した帰途、武器などを納めた武倉にちなんだ、という説や、反逆者の首と六つの兜（甲）を埋めた、という説が伝わっている。

最初の兵庫県庁があった兵庫城跡

県名に兵庫と名付けられたのは、明治になってから。明治元（１８６８）年、明治新政府は、徳川幕府の直轄地に置かれていた裁判所を廃止して、そこに地方行政機関を導入し、府・県に統一したのだ。

最初の兵庫県庁が置かれた兵庫裁判所は、かつての兵庫城。初代の兵庫県知事は、後に初代首相になった伊藤博文。これが第一次の兵庫県。この時代の兵庫県は、現在の神戸港周辺から播磨地域にも飛び地になっていた。こうした飛び地は、混乱期にあったので、各地に生じた。

明治４（１８７１）年に廃藩置県が施行されると、兵庫県は摂津の五郡（大阪府の北部と兵庫県の東部）を管轄とした。一時は兵庫県域に、30を超える県が存在していたが、やがて併合された。

そして兵庫県と播磨全域を管轄とする飾磨県、但馬全域、丹波全域、丹波三郡を管轄する豊岡県、阿波・淡路全域・讃岐を管轄する名東《みょうどう》県に編成された。これが第二次兵庫県。

さらに第三次兵庫県になるのが明治９（１８７６）年。政府の府県統廃合に基づき飾磨県と豊岡県の西部、名東県の淡路島全域が兵庫県に吸収されて、現在の兵庫県が形づくられたのだ。

興味深いのは、徳島藩の淡路島が、なぜ徳島県ではなく兵庫県に入ったのか。これには、新時代への移行に伴う不幸な出来事が背景にあったのだ。それは徳島藩の内紛だった。

淡路島は、江戸時代初期から蜂須賀家の徳島藩の領地として、長らく徳島藩の筆頭家老を務めてきた稲田氏が治めてきた。徳島藩の藩祖、戦国時代の蜂須賀《はちすか》小六《ころく》正勝《まさかつ》と稲田家の祖の稲田《いなだ》植元《たねもと》は、義兄弟の契りを結び、羽柴（豊臣）秀吉に仕えて戦乱の世を共に戦った。

秀吉が天下を統一すると、蜂須賀家は龍野藩主となり5万３０００石の領主となった。稲田家には河内2万石の領地を与えられることになったが、正勝を慕う植元はこれを固辞して、蜂須賀家の客分となった。

やがて蜂須賀家が阿波・淡路島の領主となると、淡路島を任され、1万４５００石という大名並みの禄高を得て、淡路島洲本城代家老となり、藩政に励んだのだ。

ところが幕末になると、蜂須賀家は公武合体派として、一方の稲田家は、それまでの公家との深い交誼もあり、尊王攘夷派として立場が異なった。それがそれぞれの家臣間にも表れ、蜂須賀家の家臣は稲田家の家臣を陪臣扱いして軽蔑した。

そうした両家のくすぶった関係に、決定的な破滅の打撃を加えたのが、明治という新しい時代。明治新政府は、身分制度の改革を行った。武士の身分を士族と卒族に分け、俸禄を身分に応じて減らすことにしたのだ。

これにより稲田家当主は、一等士族として１０００石の給与を支給されることになったものの、家臣たちは陪臣のため卒族となり、藩からの手当ては大幅に減額された。

家臣たちの間に、将来への不安と、身分保証への不満が高まり、稲田氏に主従関係の継続と手当ての増額を求めたうえ、さらには徳島藩からの分藩独立をも訴えたのだ。

これを知った新政府の重鎮、岩倉具視《いわくらともみ》は藩内の抗争を鎮めようとしたが、成果は得られず、遂に徳島藩士の過激派８００人、銃士１００人らが明治３（１８７０）年、大砲や銃を揃えて、洲本の稲田家や学問所などを襲撃し、無抵抗の稲田家臣らを殺傷した。死者17人、重軽傷20人、焼失家屋多数という被害を与えたのだ。この事変は庚午《かのえうま》の年に起きたので、庚午事変《こうごじへん》と言われた。

新しい時代に乗り出したばかりの明治政府はこれを重く見て、首謀者10人の切腹と、27人の八丈島への流罪を命じたうえ、関係者の関係度によって、禁固、謹慎を言い渡した。

一方の稲田氏側にも、北海道静内と色丹島への移住、開拓を命じたのだ。紛争の原因は両者にある、と判断したのであろうが、明治新政府の改革に異見を持つ者への厳しい態度で、威信を示したかったのだ。もしこの庚午事変が起こらなかったら、淡路島は徳島県になっていたかもしれない。

明治政府は版籍奉還を行い、中央集権化を進めていたものの、依然として藩主が知藩事として藩内を掌握していたので、うかつに判断を誤れば、他地域にも火種を起こしかねなかった。

そのため徳島藩内での騒動に神経を配り、遺恨を残した淡路島を徳島県から切り離して、地理的にも近い兵庫県に編入させた、とも思われる。

ところで兵庫県への編入変遷では、行政官の意気込みが随所に表われている。その一つのエピソードとして、事務を取り仕切った当時の内務省地理局長の櫻井勉と、実質的な実権者で、内務卿の大久保利通とのやり取りが残されている。

櫻井は「豊岡県と飾磨県の合併が適切」と進言したところ、大久保は「港を持つ兵庫県が貧弱になるのは好ましくない。兵庫県の力を充実させるように考え直せ」と指示した。

そこで櫻井は改めて豊岡県のうち丹波・天田郡《あまた》と丹後一国を京都府に編入させ、残る但馬一国と丹波二郡、飾磨県、兵庫県を合併すれば、兵庫県は南海から北海に通じる天下無類の大県になる、と提言したところ大久保はこれを了承した、という。いかにも新しい国づくりを目指した、当時の行政官の激しいやり取りと意気込みが伝わってくる。

新時代に乗り出したばかりの新政府が、先行きを不安視する人心の掌握と、新しい国づくりに腐心した様子が、垣間見える。

41

日本で最古の鉄製灯台が、神戸市に残っている？

夜間、沖合を航行する船舶。パイロットにとって頼りになるのが、高台に建つ灯台の灯り。昭和32（1957）年に制作された映画『喜びも悲しみも幾歳月』で、僻地の灯台に赴任した夫婦が、船舶の安全航行に取り組むシーンを思い出す、ご年配もおられるかもしれない。また灯台は〝人生航路〟の道標にも喩えられる。

日本で西洋式の灯台が設置されたのは、明治に入ってから。幕末、嘉永6（1853）年、アメリカのマシュー・ペリーの来航で、翌年には日米和親条約が結ばれて以後、明治に入ってからも開港を求める諸国と条約を結んだ。これによって下田、箱館に加えて神奈川、新潟、兵庫、長崎が開港されたわけだが、それに伴い、それぞれの港を航行するための安全保障が求められたのは当然。

そこで必要になるのが、航行の安全を図る灯台の設置だ。幕府は慶応3（1867）年にイギリスと結んだ大坂条約で、5基の洋式灯台建設を約束した。

それに伴いイギリス、フランスに技術者の派遣を依頼したが、幕府崩壊で新政府に移管された。イギリスから派遣されたのが、スコットランド生まれのリチャード・ヘンリー・ブラントン。妻子とともに来日して7年6か月の間に、灯台26基、灯竿5、灯船2などの設置に尽力し、〝日本の灯台の父〟とも言われている人物だ。

そのブラントンが設計した一つが、明治4（1871）年に完成し、翌年に点灯した神戸市和田岬の灯台。初代の灯台は八角形の木製だったが、明治17（1884）年に、高さ15・76メートルの六角形の鉄製に改築され、昭和38（1963）年の廃灯まで92年間、和田岬沖合を照らしていた。

昭和39（１９６４）年には、和田岬から須磨海浜公園の一隅に移設保存されているが、赤色に塗られたこの旧和田岬灯台は、一部に腐食が見られるものの、現存する鉄製灯台としては日本最古。また兵庫県には、海面上から２８８メートルという、日本最高の位置にある余部埼《あまるべさき》灯台（香美町香住区）もある。

島国の日本だけに、最北端の宗谷岬灯台から最南端の沖ノ鳥島灯台まで、全国の灯台は多種多様に多い。明治年間に建設された灯台は１６２か所。そのうち現在も活躍している灯台は69か所とか。

光源は白熱電球からメタルハイランドランプ、ＬＥＤ灯器、ロラン（地上系電波航法システム）、レーダ、ＧＰＳ（グローバル・ポジショニング・システム、全地球測位システム）などの導入と技術革新が進み、これまでの灯台のイメージが大きく変わってきた。

加えて耐震構造になっていない灯台が、まだ多数残っていて存廃が進んでもいる。海上保安庁や現役のパイロットからは、灯台の灯りも安心感を与える、との声もあるようだ。

海外では、廃止された灯台をホテルやカフェ、資料館などにも利用しているそうだ。灯台を地域振興に、活用する参考になるかも。

須磨海浜公園に移設された旧和田岬灯台

第5章

異色の人物が活躍

42

加古川市生まれの有名な陰陽師とは?

浄瑠璃や歌舞伎、小説、映画などで描かれる、不思議な術を駆使する陰陽師《おんみょうじ》。聖徳太子と伝わる宮廷の人物が、中国から陰陽五行説(自然は火、水、木、金、土の5種類の元素から成り、それらの元素の影響を受けて天地万物が変化する)を導入して以降、奈良時代の律令制度に組み入れられ、自然哲学の思想とされた陰陽道。

その陰陽道に携わる者が陰陽師と言われ、明治初期まで宮廷には陰陽寮という役所があった。陰陽師は天文、暦数、卜筮《ぼくせい》などの知識を駆使する一方、古来の呪術《じゅじゅつ》も併用して吉凶や呪詛《じゅそ》を行っていた。

その代表格が、平安時代の安倍晴明《あべのせいめい》と蘆屋道満《あしやどうまん》(道摩法師)だ。ふたりは対照的な人物として、後世に伝わっている。それというのは、陰陽術を駆使して、ときの権力者の意向を受けた、壮絶な戦いがあったからだ。

時代は平安時代中期。権勢を誇っていた摂政、公卿の藤原道長《みちなが》に対抗した一族の公卿、藤原顕光《あきみつ》が道長追い落としを謀り、陰陽師の蘆屋道満に呪詛を依頼したのが発端。これを知った道長は、陰陽師寮に勤める官人の安倍晴明を通じて呪詛を解き、それを操った道満を播磨国に流罪とした。

道満は流罪地の生国、播磨国から、なおも呪詛を続けたので、遂には播磨国(現在の佐用町)において、晴明と最後の陰陽術決闘を行ったのだ。晴明は大猪伏の丘に陣取り、一方の道満は対岸の植木谷に陣取った。そして晴明が勝利し、道満は打ち取られた、と伝わる。

その自然豊かな佐用町大木谷地区には、ふたりの死闘を物語るかのように、谷を挟んで、晴明塚と道満塚が対峙している。猪伏と言う古名の高台には「いぶし晴明塚宝篋印塔《ほうきょういんとう》」と晴明堂がある。対岸の小山には、道満塚があるが、お堂はない。その間は約600メートルと近い。

ここから類推すると晴明は善玉で、道満は悪玉、との印象を受けるが、果たしてどうなのか。勝てば官軍の喩えもある。

それ以前に、果たして道満は実在したのか、との疑念も残っている。実在しない架空の人物、とも伝わっているからだ。確かに晴明は土御門家の祖と言われ、鎌倉時代から明治初期まで土御門家は存続したが、道満は実在したのか。

江戸時代の地誌『播磨鑑』では、道満が現在の加古川市に生まれた、とされている。筆者も訪れたが、祠が小道を入り住宅に挟まれた、正岸寺《しょうがんじ》（加古川市西神吉町岸）にある。

その小さな祠には、道満法師の像が祀られていて、その碑文には「平安天徳二年に当地に生誕し、天文、暦数、方位、卜筮、呪術、干支、五行、遁甲、方術、兵法を究め庶民のために尽くせし功績は大なり（後略）」とある。

また14世紀に成立した播磨国の地誌『峯相記《ほうそうき》』には、「（前略）晴明道満ハ一条院御宇一双陰陽道逸物也然ニ道満伊周公ノ語ニ依テ御堂ノ関白ヲ呪詛シ申シ御出ノ道封物ヲ埋ケリ晴明是ヲ勘出メ掘出サル即舁ト成飛去依ニ此料ニ播磨國ニ流サレテ佐用奥ニ住メ皈洛

蘆屋道満ゆかりの正岸寺（著者撮影）

不遂死去シ（後略）」とある。

道満に模した道摩法師という名前が『宇治拾遺物語』に出てくるが、果たして同一人物かは不明。

ただしこの播磨地域は、古くから陰陽道が地域に密着していたようで、民間の陰陽師集団があったようだ。その素地には、法道仙人や、貞観6（864）年ごろの滋岡川人《しげおかせんにん》、飾磨郡にいた陰陽寮の官人、弓削是雄、同じく官人の日下部利貞、平安時代の智徳法師らの陰陽師集団につながった。

加えて播磨地域は、岡山県に接しているので、陰陽道に通じた遣唐使の吉備真備《きびのまきび》や、和気清麻呂《わけのきよまろ》の影響を受けたことも想像できる。

10～11世紀の播磨地域には、備前、丹波、丹後地域の実力を持った陰陽師が多数集まっていたようだ。そこには民間に密着した者や陰陽師寮に属した官人も混じり、多彩な人脈を形成していた、と思われる。

中でも滋岡川人と智徳法師には、いまも残る伝説がある。滋岡川人は『播磨鑑』にも登場する仙人。神崎郡福崎町の七草滝《ななくさたき》に住んでいたが、里が日照りで雨が降らず、困った里人が仙人に相談したところ、大きな杉の下から袋を取り出して、中に入っていた米、麦、キビ、粟、大豆、小豆、ヒエの7種類の種を渡した。里人はその種を蒔くと水不足にも関わらず収穫できた、という。

また智徳法師については、『今昔物語』で西国から荷物を運んできた船が、明石の浦で海賊に襲われ荷物を奪われたが、智徳法師の術で奪われた船と荷物が戻った、と記されてる。

いずれも民間伝承だが、人々が困ったときに神通力を発揮して人助けをした、というのがより一層、神秘性を増している。

一方、民間密着の陰陽師たちと陰陽寮の官人との間には、ある種の垣根があったのではないか。現代風に言えば、地方のノンキャリア陰陽師たちと、中央のキャリア陰陽師たちとの対決、とも言えるのか。宮廷の陰陽師たちにとっては、評判が高まる播磨の陰陽師たちは煙たかったのかもしれない。

播磨地域の陰陽師は、法道仙人から智徳法師へ、そして蘆屋道満へと引き継がれたのに対して、宮廷の陰陽師は遣唐使となった吉備真備から賀茂忠行（父）、賀茂保憲（息子）に、そして安倍晴明へと引き継がれる、という二大系譜がある。

その二つの系譜の勢力争いと、ときの権力者の権力争いが重なり、本来の職掌である陰陽道の役目から外れて、呪詛合戦ばかりが目立つようになったのは、両方の陰陽師たちにとっては、むしろ不幸なことではなかったろうか。

晴明と道満が最後の決戦をした佐用町江川地区は、古来、開かれた地域であったようで、陰陽道の守り神とされる四神が祀られている。東の方角には青龍（竜田大明神）、西には白虎（八幡神社）、南には朱雀（薬師観音堂）、北には玄武（亀大明神）がこの地域を守っているように配置されている。播磨地域が何か特別な地域のようにも思える。

因みに安倍晴明の目印は、五角形の五芒星（セーマン）、蘆屋道満は籠目紋のダビデの星とも言われる六芒星（ドーマン）か九字紋（兵、者、陣、在の縦の線と臨、闘、皆、烈、前の横の線）。パワースポット人気の昨今。陰陽師に頼るのは、何の願いなのか。

43

播磨に伝わる法道仙人って何者？

播磨地域には、仙人の足跡が随所に残されている。その仙人の名は法道《ほうどう》仙人。仙人とは、中国の道教で教える不滅の真理で、俗世界を離れた高い山や島といった、清浄な仙境に暮らして仙術を操り、不老不死を体得した人物とされている。

仙人になるのは、大変厳しい修行を納めなければ到達できない。修行者は〝道士〟や〝方士〟と言われる。男は乾道《けんどう》、女は坤道《こんどう》と呼ばれるそうだ。

仙人のイメージは、長い髭を生やして杖をついた老人を思い浮かべがちだが、中には中国の八仙人（鍾離権、呂洞賓、韓湘子、李鉄拐、張果老、曹国舅、藍采和、何仙姑）に出てくる韓湘子のように若い仙人や、中国の神話に出てくる麻姑《まこ》仙人（仙女）のような若い娘もいたようだ。

中国の奇書とも言われている『西遊記』に出てくる孫悟空も、金斗雲《きんとうん》に乗って飛び交い、72の変化術を使う仙人のひとり。

中には久米仙人のように、色香に惑わされて仙人失格になった者もいたとか。また紀元前259年ごろ秦の始皇帝の命を受け、不老不死の霊薬を探し求めて、弥生時代、紀元前290年ごろの第7代孝霊《こうれい》天皇時代の日本に辿り着いた、と伝わる中国・秦《しん》の徐福《じょふく》もまた方士で、仙人だったとも伝わっている。

しかし徐福は不老不死の霊薬は見つけることができず、かといって手ぶらで本国に帰れば命はなくなる、というので秦には戻らなかったようだ。延岡市（宮崎県）、新宮市（和歌山県）、熊野市（三重県）、伊根町（京都府）

など全国各地にその足跡を残している。

そうした伝説の仙人の中で、播磨にいくつもの足跡を残したのが法道仙人。640年ごろと類推されている。その根拠は、加西市の霊山法華山に建立された一乗寺の寺伝による。それによると第36代孝徳《こうとく》天皇の勅願により、白雉元（650）年に建立されたという。

孝徳天皇が病に伏せっていたとき、法道仙人の霊力を聞き及んだことから、宮廷に招き病気平癒を行わせたところ全快したので、その礼として八葉蓮華の霊山と言われた法華山（標高243メートル）に一乗寺が建立された、と伝わる。

そのころには、すでに法道仙人が播磨に住んでいて、数々の霊力を発揮していたようだ。言い伝えはいくつかある。たとえば法道仙人が飛ばした米俵が落ちた、という高砂市の米塚堂。米田天神社《よねだてん》の近くにある。そのいわれが、いかにも仙人の仙術を使ったものとして面白い。

大化元（645）年ごろ、船頭が官に収める租税米を船で運んでいたところ、法道仙人が鉄の宝鉢を飛ばして米の喜捨を求めたが、船頭に断られたので仙術を使い、船に積み込まれていた米俵千石を法華山まで飛ばしたというのだ。驚いた船頭が法道仙人に詫びると、米俵を返してくれたという。それにちなんだのが米塚堂だ。法道仙人は、鉄の宝鉢を常に持っていたことから空鉢《からはち》仙人とも言われている。この鉄鉢は、仙人の意のままに動きまわり、供養の食料を受け取っていたそうだ。

また加古川市には、〝投げ松〟と呼ばれる変わった形状の枯れた松がお堂に残されている。この松はかなり大きく、幹も枝もくねくねと曲がっているが、これも法道仙人が一乗寺を建立するときに、引き抜いて投げたものと伝わっている。

まだある。〝投げ松〟のお堂の近くにある札馬《さつま》大歳神社。その境内にあるのが、法道仙人の〝手形（跡）石〟。大きな凝灰岩の石板に、人の手の形が彫られている。

そのほかにも加古川市と加西市の境界には、法道仙人が乗った馬の蹄の跡と伝わる〝駒の爪〟とか、〝石の船〟とか、法道仙人が腰掛けたとされる〝腰掛石〟とか、掘った井戸、湧水など法道仙人が知ったら驚くようなものが伝わっているから、さすが仙人、と感心する。

ただ法道仙人の伝説がクローズアップされがちだが、彼が開基・開山した寺院は、一乗寺を始め、丹波や摂津地域を含めると、１１０か所以上にも数えられるそうだ。

中でも丹波市氷上町には14か所、篠山市には11か所と集中しているのを見ても、法道仙人が単に仙術を使うばかりではなく、精力的に人々に仏教を広めたことが窺われるというもの。丹波・播磨地域は、山岳信仰に適した場所だったのかもしれない。

ではこの法道仙人とは一体何者なのか。一乗寺の仙人立像は、仏僧というよりは道士の衣服に身を包み、三白眼をしていて、ある種の凄みを帯びた雰囲気を漂わせているようだ。彼は日本人なのか中国人なのか興味を呼ぶところだ。

一説では、仏教が伝来して以降に渡来した高僧の事蹟をまとめた日本初の仏教通史とされる『元亨釈書《げんこうしゃくしょ》』に、法道仙人は天竺（インド）人だと記されているそうだ。

また同書には、大和の長谷寺開基に際して、唐から来日した僧の比久道明《ひくどうみょう》と、長谷寺の本尊、十一面観音像をつくったという沙弥徳道《しゃみとくどう》の協力があった、と記されていて、「比久道明。沙弥徳道乃法道仙人也」と訓注されているし、神仙の中で久米、生馬仙らと並び記されている。

法道仙人は仏教の開祖、釈迦牟尼が法華経の教えを説いた霊鷲山《りょうじゅせん》の仙苑で修行し、金剛摩尼の法を会得、瞬間のうちに移動したり、不老不死の神仙と伝わっている。

法道仙人が雲に乗って渡来したときに持参したのは、牛頭天王《ごずてんのう》と宝鉢だけ、と伝わっているが、牛頭天王は姫路市の廣峯神社を経て八坂神社に祀られている。数十年日本に滞在した後、仏教の伝播を見届けると、また雲に乗ってインドに帰ったという。まさに絵物語の世界だ。インドは仏教発祥地。インドにも仙人伝承がある。

法道仙人の生年や没年は不詳で、果たして実在の人物かも不明だ。ただ興味を呼ぶのは、架空の人物ではなく、播磨にゆかりのある渡来人ではないか、という説もあるのだ。

それによると、この徳道は播磨国、揖保（宝）郡の人物で、辛矢田部造米麻呂《からやたべのみやつこめまろ》と言う。辛は韓《から》を連想するので、朝鮮からの渡来人とも受け取られている。

徳道が亡くなると、閻魔大王から観音霊場を世に知らしめるようにと諭され、蘇生して西国33所観音霊場を広めた、と伝わっている。徳道が法道仙人なのかは永遠の謎。

インドから渡来して、各地に足跡を残したが、ざっと二百年は生きたことになる。幻想的な仙人伝説で現実離れだが、夢を与える。

44

明石市生まれの伝説の名工って誰？

日光東照宮（栃木県）の山門に掲げられている〝眠り猫〟や、寛永寺（東京都）の〝登り龍〟など、全国に江戸時代初期の宮大工・彫刻師、左甚五郎《ひだりじんごろう》作と言われる彫刻物が100か所近くもある、と言われている。

また甚五郎を題材にした落語『竹水仙』『ねずみ』『三井の大黒』『四ツ目屋』『叩き蟹』や講談なども、民衆に好まれ、左甚五郎の人気は根強い。甚五郎という人物が謎に満ちた人物で、酒にまつわる話や旅先でのアクシデントなど、人間味あふれる逸話も多いからかもしれない。

左甚五郎という名前も、何かいわくがありそうだ。甚五郎の腕に嫉妬した大工仲間が右腕を切り落としたので、左腕で彫り物をしたとか、飛騨高山で修業したのが訛《なま》って飛騨から左になったとか諸説あるが、常識では左腕一本で鑿《のみ》を使うことは難しい。飛騨高山には木工職人が多かったようなので、訛った説は否定できないかも。

甚五郎の生没も諸説ある。播磨（兵庫県）の明石説、紀伊（和歌山県）説、讃岐（香川県）説とあるが、甚五郎の第7代の子孫、左光挙氏によると、文禄3（1594）年、播磨の明石で生まれ、13歳のときに京都・伏見の禁裏大工、遊佐法橋与平次《ゆさほっきょよへいじ》に弟子入りし、その後、紀伊の根来寺や日光東照宮、寛永寺の造営にも携わり、寛永11（1634）年に大工頭として、讃岐（香川県）高松藩の生駒高俊に仕え、宗恵と号し大工棟梁として実績を残し、慶安4（1651）年に57歳で亡くなったという。

甚五郎の父は、足利義輝の家臣、伊丹正利。義輝が松永久秀の手に落ちた際、逃げて明石の和坂《かにがさか》に隠れ住んでいたときに生まれたようだ。名は利勝。幼少から左右両手が器用で、7歳のときに父親を亡くしたので、飛騨高山藩士の伯父、河合忠左衛門を頼り、そこで大工修業をした後、京都の遊佐法橋与平次に弟子入りしたという。

面白いことに甚五郎作の東照宮の〝眠り猫〟は、顔が左向きだが、四天王寺の〝眠り猫〟は顔が右向きで、大《おお》晦日《みそか》と元日には二つの猫が鳴き合う、と伝えられている。

名を挙げた甚五郎は、故郷の播磨に恩返しとして、稲爪神社（明石市）の山門、無量光寺（明石市）の山門、圓教寺（姫路市）に彫刻を残した、と伝わる。

江戸時代初期の儒医、黒川道祐《くろかわどうゆう》が著した『遠碧軒記《えんぺきけんき》』にも「左の甚五郎と云うもの　栄徳が弟子にて　左の手にて細工を上手にし　京都の北野神社の透彫や豊國神社の竜の彫り物がその作品だ」と記している。

ところが江戸城改築で抜け道工事に携わった際に、口封じのために危うく暗殺されそうになった。後ろ盾の老中、土井利勝の尽力で甚五郎は死んだことにして、讃岐の高松藩に身を置くことにした、という。

名工の名を残した甚五郎だが、その名をかたる偽者との彫刻勝負など、エピソードは数多い。やはり謎の人物だけある。

左甚五郎の作と伝わる稲爪神社山門の彫刻

45

幻の徳川道を請け負った、谷勘兵衛の苦渋？

徳川幕府の力が衰え、幕末から明治に突入する間の混迷の時期。それに乗じて、外国勢の圧力が加わり起こった神戸事件は、実に不幸で、理不尽なめぐり合わせと言える。

この神戸事件が起こったことに、複雑な思いを抱いた者がいた。旧幕府から慶応3（1867）年に『西国往還付替道』（徳川道）の工事を請け負った、石井村（現兵庫区石井町）の大庄屋、谷勘兵衛だ。

旧幕府が『西国往還付替道』の工事を急ピッチで実施したのは、文久2（1862）年に神奈川の生麦村（現横浜市鶴見区生麦）で起こったいわゆる生麦事件を重視したからだ。

それが原因で、翌年には薩英戦争が起こったことから、旧幕府は外国人とのトラブルを避けるために、神戸外国人居留地を迂回《うかい》する『西国往還付替道』の着工を急いだ。その工事を1万9200両（現在の価値で約2億円）で請け負ったのが、谷勘兵衛。東は西国街道の石屋川から西へ、険しい山道が続く杣谷～摩耶山裏小部～藍那～白川～高塚山～大蔵谷（明石市）へと続く、全長約35キロメートルの難工事だ。工事は慶応3（1867）年11月に着工し、同年12月に完成する、というまさに突貫工事だった。

ところが『西国往還付替道』の工事が完成したばかりの慶応4・明治元年（1868）年1月に、神戸事件が起こったのだ。

もし岡山備前藩がこの『西国往還付替道』工事を認識していたら、別の方策を考えたとも思えるが、それには「まだこの付替道が完成していなかった」とも、また「旧幕府の施工なので、新政府側の備前藩には知らされなかったのでは」、あるいは「備前藩にそもそもの認識がなかったのではないか」とも憶測させる。

ただ、神戸外国人居留地での紛争を必死で逃れた備前藩は、後続隊が一部の『西国往還付替道』を使った形跡が残っている。

筆者は、第3代勘兵衛の子孫になる第5代の勘兵衛氏に訊ねたところ、当時の勘兵衛は小柄で、名字帯刀を許され、豪放磊落《ごうほうらいらく》な性格だったそうだ。

また神戸事件が発生した翌日には、平野村祥福寺に駐屯していた長州藩第二中隊士数十人が谷家にやって来て、工事代金を含む2万2000余両という大金を持ち去る、という不運が重なったとも語った。

それにも負けず、56歳で亡くなる前年まで、有馬街道（平野～三田）も完成させた。勘兵衛に代わって陣頭指揮したのは、養子の貞之助だ。谷勘兵衛が地域の発展に情熱を傾けた足跡が、徳川道と有馬街道に残った。苦労の末の『西国往還付替道』は、十分に目的を果たせず、明治元年8月に廃止された。

その後、外国人による六甲山開発で、裏山登山を好むハイカーが増え、かつての『西国往還付替道』を見付け、それを徳川道と呼ぶようになった。彼らは、その狭い迂回路の歴史を、どこまで知っているのか。

徳川道の起点に立つ説明書き

46

北前船を支えた陰の功労者とは？

文化庁は、地域の歴史的な魅力や特色を通じて、文化や伝統を語るストーリーを日本遺産として、認定している。平成30（2018）年度までに、67件が認定されている。そのうち兵庫県では、〝丹波篠山　デカンショ節〟〝国生みの島・淡路〟〝きっと恋する六古窯〟〝播但貫く銀の馬車道　鉱石の道〟が認定されている。

新たに江戸時代、北前船の寄港地として繁栄した兵庫津など、兵庫県内の4市1町（神戸、高砂、赤穂、洲本市、新温泉町）の地元住民らが、先に認定された日本遺産〝北前船寄港地・船主集落〟に追加認定を申請し、認定された。

平清盛が福原京に遷都し、大輪田泊を整備して日宋貿易の拠点とした後、鎌倉時代からは兵庫津として江戸時代後半まで、海上輸送の役割を果たしてきた。江戸時代後半には、北前船の西廻り（日本海）航路で、交易を広げた拠点でもあった。

北前船が大いに発展したのは、未開の地であった蝦夷地《えぞち》の水産物などに着目し、本州での販路を開拓したことや、廻船問屋の手腕が評価されるが、ここで忘れてはならないのは、過酷な航海を強いられた北前船そのものだ。その北前船の航海を支えたのが、強靭な帆布だったのだ。この帆布を発明したのが、播州高砂出身の工楽《くらく》（苦楽）松右衛門《まつえもん》だ。

松右衛門は、寛保3（1743）年、漁師の長男として生まれ、その後、兵庫津の船主、御影屋で船乗りとなったその後、同じく兵庫津で手広く海運業を営んでいた北風荘右衛門の知己を得て、佐比絵町に店を構え、船持ちの船頭として独立。

当時の帆布はムシロで作ったものや、綿布を2、3枚重ね、つないで縫った程度の丈夫なものでなかったので、長い航海では苦労していた。

松右衛門は、帆布の改良を重ね、地元、播州の特産品であった木綿の直径1ミリメートルを超える太い木綿糸を、縦糸にも横糸にも使って、分厚い広幅2尺2、3寸という大きな平織りの丈夫な木綿の帆布を発明した。42歳のときだ。この帆布は〝松右衛門帆布〞として売られた。

廻船業者の間では、従来品の約2倍という高値だったが、耐用年数の長さや航海の安全、効率化などから、瞬く間に普及した。この〝松右衛門帆布〞の普及で、北前船、大型和船の航海術が飛躍的に向上し、北海道産の水産物などが全国に行き渡ったのだ。

松右衛門は帆布の製造法を独占せずに、多くの職人に伝えた。それがその後の〝松右衛門帆布〞の活用にもつながったのだ。こうした功績に幕府は、享和2(1802)年、「工事を楽しむ」「工夫を楽しむ」という意味の「工楽」の姓を与えた。

文化9(1812)年、70歳で死去。墓所は兵庫区羽坂通にあり、生地、高砂神社境内には顕彰の銅像が建っている。

いまはスタイルを変え、〝松右衛門帆布〞を使ったバッグ類が、ブランドショップやデパートに並んでいて、人気のようだ。時代を越えても使われる技術は、本物では。

47

姫路木綿で財政再建した、河合道臣とは?

昔もいまも、国や地方自治体が、財政改革に苦心する姿は変わらない。その中で藩政改革を主導した、江戸中期の第9代米沢藩主、上杉治憲《はるのり》(鷹山)は、アメリカのジョン・F・ケネディ元大統領も尊敬した人物だ。

この治憲にも匹敵する、否、むしろそれ以上の才覚、算用、始末で藩の財政再建を果たした、江戸後期の人物が、姫路藩の家老、河合道臣《みちおみ》(寸翁)だ。

江戸後期の各藩は、どこも同じような財政悪化に陥っていた。姫路藩も藩主、酒井忠以《ただざね》時代には、歳入の4倍強にもなる73万両という膨大な累積債務を抱えていた。藩主も日常生活に困窮していた。

そこで財政再建を任されたのが、河合だった。厳しい改革だったので、藩内に不満があった。忠以の死去で藩内の反対派の巻き返しに遭い、一時は職を解かれた。しかし後継の忠道の命で再び改革に取り組んだ。

河合は質素倹約を強いる一方で、農民救済のために生活資金を低利で融資したり、無利息で米を貸したり、と従来にない施策を実行し、次第に人心を安定させた。

また他国に負けない高付加価値の朝鮮人参やサトウキビなどの栽培、塩、皮革、特産の建設資材(竜山石)の販売にも着手し、高利益を上げた。中でも特筆すべきは、藩内を流れる市川、加古川地域で栽培されていた木綿に着目し、画期的な流通体制を確立し、高収益を得たのだ。

それまで、藩内の木綿は大坂の問屋を通じて江戸に販売されていたので、中間マージンを取られ、そのうえ買取値も問屋の言いなりだった。

そこで河合は、木綿を藩の専売とし、問屋を経ないで江戸で販売することにした。もちろん、事前に江戸の市場調査を行い、幕府や問屋とも入念な折衝を行ったうえだ。

〝姫路木綿〟は、「姫玉」とか「玉川晒」と呼ばれ、色が白くて薄く柔らかい、という特長が好まれていたうえ、流通経費が安くなるので消費者に好評で、藩は莫大な利益を得て、膨大な累積債務は完済されたのだ。

その間、他藩もこの木綿に注目し、手がける動きがあったが、河合はいち早く幕府に手を打ち、姫路藩の専売許可を得て、他藩の追随を防いだのだ。

その言い訳は、藩主、忠実《ただみつ》の子、忠学《ただのり》の結婚相手、喜代姫が将軍、家斉《いえなり》の娘であったので、木綿の利益を喜代姫の化粧料に当てる、というもの。強引とも言えるが、許可された。

河合は財政改革を行う一方、人材の育成にも力を注ぎ、私財を投じて人材育成のための仁寿山校《じんじゅさんこう》を設けている。

寸翁神社内にある河合寸翁像

この時期、各藩は財政改革に躍起となっていたが、姫路藩のように成功した事例は、ほとんど見られなかった。

この木綿を使った〝松右衛門帆布〟の発明が、北前船の交易に大きく貢献した。

しかし明治に入ると、安価な木綿が海外から輸入され〝姫路木綿〟は衰退した。藩の財政を救った木綿だが、時代の流れは厳しい。

48

坂越に墓がある、謎の渡来人、秦河勝とは何者？

赤穂市・坂越《さこし》湾の沖合に浮かぶ、瓢箪《ひょうたん》型をした小島の生島《いくしま》は、昔から立ち入り禁止になっている。ここに謎の渡来人、秦河勝《はたかわかつ》の墓があるからだ。

秦河勝は、6世紀後半から7世紀前半の飛鳥時代、聖徳太子と伝わる厩戸皇子《うまやどのみこ》に仕えた実力者だ。朝鮮半島からの渡来人集団、秦氏の族長的な存在だった。

その豊富な経済力に加えて、機織り、酒造り、灌漑土木、塩田開発、宗教、芸能などそれまでになかった高度な技術や文化を、古代の倭国《わこく》社会に伝え、定着させたばかりか、ヤマト（大和）朝廷にも深く関わる政治力を発揮して、後の平安京の造営にも大きく関与した。

河勝が拠点にしていたのが京都の太秦《うずまさ》。その地にある広隆寺《こうりゅうじ》は、河勝が創建した秦氏の氏寺だ。それほどの実力者が大和朝廷を離れ、赤穂の坂越に骨を埋めたのは、厩戸皇子の死後、権力者、蘇我入鹿《そがのいるか》の迫害を怖れ、海路をたどり逃れて来たから、と見られている。

港町の坂越は、秦氏一族が朝鮮半島から渡来したときに、上陸したところとされているのだ。河勝は、この地で地域の開発を進めた後、80余歳で死去。その霊を祀ったのが、高台に創建された大避《おおさけ》神社だ。

ところで、秦氏とは何者か？　研究者らによると、秦の始皇帝の末裔説とか、朝鮮人説とかさまざまだが、興味深いのは別の研究者らが言う、イスラエルのユダヤ王朝の血統につながる、という説。

生島

秦氏はイスラエルの王系を継ぐ南ユダヤ王国のユダ族で、ヘブライ語のユダ族を意味する「(ヤ)ハダ」から「秦」になった、という。

また平安初期に編纂された『新撰姓氏録』には、4世紀前半の第16代仁徳天皇から姓を賜った際に、「ハタ」の当て字に「秦」ではなく、「波多」と書かれている、という。「波多」は、イスラエルの指導者、ユダヤの父を示唆する言葉だと。

その一端を示すかのように、秦氏の氏寺、広隆寺の境内には、イスラエルの国名に似た伊佐良井《いさらい》「いさら井」と外枠の石に刻まれた古い井戸がある。

また坂越の大避神社にも、同様な古い井戸がある。さらにどこの神社の境内にもある左右一対の狛犬《こまいぬ》も、ユダ族の象徴である獅子を表わしている、という。

河勝は、広隆寺のほかにも仁和寺、木嶋神社などを建立しているが、秦氏一族の中には、秦伊呂具のように京都の伏見稲荷大社を創建した人物もいる。

秦氏が渡来したのは、河勝以前にも3世紀末、第15代応神《おうじん》天皇の時代にまで遡る。

河勝は芸能にも造詣が深く、後世の能となる猿楽、雅楽にも影響を残した。大避神社には、河勝が中央アジアの弓月国《ゆづきこく》から持参したとされる天使ケルビム(智天使)の面がある。これが現存する日本最古の雅楽の面と伝えられている。

古代のヤマト(大和)朝廷では、秦氏と漢氏《あやうじ》の二大渡来人集団が、勢力を競っていた。秦氏の足跡が、全国に残っているのも気になる。

第6章 あくなき食へのこだわり

49

篠山市の特産品が、市名を変えた?

篠山市の市名改名に、大きな影響を与えた特産品。それが黒大豆と栗だ。篠山盆地で獲れる丹波黒大豆と丹波栗は、同市の特産品として、地域経済にも大きく貢献しているが、黒大豆にも栗にも〝丹波〟が付くことから、隣接する丹波市と混同しやすかった。

そこで、特産地を示すために丹波篠山市にしては、という議論が起こった。住民投票の結果、丹波篠山市（2019年5月に改名）へ。住民投票での市名改名は、全国初。

全国ブランドにもなっている特産品の丹波黒大豆は、粒が丸くて大粒。表面に白い粉が吹いているのが特徴的。黒大豆は、中国が原産とされていて、日本には約2000年前に伝来した、と言われている。そのころ伝わったのが、篠山市付近の丹波国だったとか。平安時代の辞書『倭名類聚抄《わみょうるいじゅしょう》』には〝烏豆《からすまめ》（クロマメ）〟と記されている。

標高200から300メートルの篠山盆地は、夏は蒸し暑く、秋には霜が降り、冬は底冷えが厳しく、年間の気温差も昼夜の温度差も大きいという気象条件と、粘土質の土壌が、黒大豆の栽培に適していたようだ。

江戸時代、第8代将軍徳川吉宗の時代、丹波篠山藩主、青山忠講《あおやまただつぐ》が将軍に黒大豆を献上したところ大変喜ばれ、年貢が免除されて、さらに生産が奨励されたという。

正月料理に欠かせない黒大豆だが、室町時代から使われていたそうだ。江戸時代後期になると、料理本『料理網目調味抄《りょうりあみもくちょうみしょう》』にも、「黒豆丹波ささやまよし」と記されている。

もちろん、黒大豆は丹波篠山だけではなく、北海道、東北、関東、北陸、信州、中国、九州など各地で生産さ

黒大豆

丹波栗

れているが、丹波篠山の黒大豆は、明治時代に入って宮内省に買い上げされるなどして、一層、認知された。

また〝丹波栗〟は、大粒の実が甘くて根強い人気を得ている。歴史は古く、平安時代には皇室へ献上されたり、江戸時代にも将軍家に献上されて、全国に知名度が広がった。

元々は、京都から丹波地方で育った和栗の総称だ。その代表的な品種が〝銀寄〟。江戸時代の宝暦3（1753）年、奥勘右エ門が、広島から摂津國歌垣村倉垣に持ち帰った栗の実生を丹波地方で育て、繁殖させたと言われている。

丹波地方からの苗木が各地に伝わり、栗と言えば丹波栗となった。もっとも銀寄以外にも、長興寺、ててうち、正月、毛長、八木など多くの品種があったが、生命力が強い銀寄が生き残ったのだ。

面白いことに、兵庫県では〝丹波栗〟と表記するが、隣の京都では〝丹波くり〟と表記する。

ただ、栗を原材料とした和菓子は、近年、洋菓子人気に押されて低迷。また、安価な韓国産、中国産の追い上げも強く、丹波栗を取り巻く市場環境は、決して楽観視はできない。

市名改名は、特産品の丹波黒大豆と丹波栗にとっても、存在価値を示し、経済効果を高めるチャンスになった。小粒ながらも、発信力は大きい。

50

高級和牛の素牛は、但馬牛？

日本の和牛肉は、高級ブランドとして世界的に人気が高い。その中でも代表的なのがコウベビーフの神戸牛やマツザカビーフの松阪牛。その他にも前沢牛、飛騨牛、近江牛、佐賀牛、宮崎牛、鹿児島牛などがそれぞれの地域でも自慢の牛として大事に育てられている。

それら黒毛和牛の85％以上の素牛《もとうし》になっているのが、兵庫県北部の但馬地域で生育された但馬牛なのだ。つまり高級和牛の素牛は、この但馬牛の系統というわけ。

この但馬地域は、山や谷が多い山岳地帯で、冬は日本海の厳しい風雨や、温暖の差が激しいところだ。ここで生まれて育った子牛は、起伏の多い牧草地で運動して肉質も締り、また棚田の多い水田耕作の荷物の運搬用として、貴重な労働力となってきた。それだけに家族同然として扱われてきたのだ。

その但馬牛が改良されたのが、平安時代だそうだ。交配は但馬牛同士だけで行われてきた。いわば純潔を守ってきたのだ。その系統の代表的な蔓牛《つるぎゅう》が、「あつた蔓」「ふき蔓」「よし蔓」の三蔓牛だ。いずれも小型で身体の張りがよいうえ、毛色、皮膚の質もよい。

しかも肉質もよく、サシもきめ細かくて皮下脂肪が少ない。さらに肉の歩留まりもよい、ということで、国内では最高の水準として評価されているのだ。

但馬牛

その蔓牛は、1歳未満で売られる。家族同然の牛との別れは辛いものがあろうが、他地域でブランド牛としての評価が高まることに期待されての出荷ではなかろうか。

ただ日本では、一般的に幕末まで牛肉を口にする習慣はなかった。それが明治に入ると、横浜や神戸などが開港され、欧米人がそれぞれの居留地に移り住むようになった。いわゆる文明開化が花開くと、美味しい肉を求める外国人が現われた。

そこに目を付け、明治2(1869)年に神戸市元町に開業したのが関門月下亭《かんもんげっかてい》。ここでは、牛鍋を売り出したり、鍋の代わりに農具の鋤を使い、肉を焼いてすき焼きとして出した。これが日本初のすき焼きとなった。江戸時代には、鋤を使って鶏肉やクジラ肉を焼いて食べていたそうだから、それにヒントを得たのかもしれない。

また同じ年には、農地で牛を扱っていた岸本伊之助が、この肉食人気に目をつけ、神戸市元町に日本初とも言える牛肉の小売店として、大井精肉店を開業した。それまで外国人を中心にした肉食文化が、一般市民にも広がり、美味しい神戸肉の需要が一層広がったのだ。

ただ、ブランドともなった高級和牛は値段も高いので、なかなか口にするわけにはいかない。そこに値ごろ感のオーストラリア産牛肉（オージービーフ）やアメリカ産牛肉（アメリカンビーフ）が日本の食卓に押し寄せている。国内の畜産業者は気が休まらないが、一般市民の牛肉志向は高まっている。美味しい牛肉需要は、今後も増えそうだ。

51

灘の酒を支えるのは、日本三大杜氏の丹波杜氏？

兵庫県と日本酒の縁は深い。「伏見酒は女酒、灘の酒は男酒」と言われる。伏見の酒は酸が少なく滑らかで、まろやかな甘口な特徴があることから、飲みやすく女酒とも。

一方の灘の酒はやや酸味が多い辛口。新酒のころは舌ざわりが荒々しく、しっかりとしていることから、男酒とも評されている。

日本酒の味の決め手は酒米、水質、気候風土に加えて優秀な杜氏《とうじ》の存在だ。酒米は酒造好適米として評価の高い山田錦が三木市、加東市、三田市、神戸市北区などで生産され、全国の約60％を占めている。

また水は、六甲山から湧出する、いわゆる〝宮水〟と言われる、鉄分が少なく、発酵によいとされるリン、カリウムなどが多い硬水に恵まれている。

加えて夏は海からの適度な湿気が、そして冬には六甲山からの冷気がほどよく熟成に影響を与えている。そうした好条件を活かして、灘の酒を支えているのが杜氏と呼ばれる、酒造りの職人。南部杜氏（岩手県）、越後杜氏（新潟県）と並び、日本の三大杜氏と言われる丹波杜氏だ。

丹波杜氏の出身地は篠山市。杜氏とは蔵人《くらびと》をまとめて酒造りをするリーダーのことだが、彼らは同郷者による集団で作業をしている。蔵の規模にもよるが、一個仕舞いの蔵で12人、一個半で18人が標準とされているそうだ。

元々は厳しい生活の中で、農閑期の〝百日稼ぎ〟と言われる出稼ぎをして、冬季の生活の糧を得ようとしたのだ。その先駆けが宝暦５（１７５５）年、篠山曽我部（篠山市日置）にいた庄部右衛門と言われている。池田の大和屋本店の杜氏になったのが起源。

江戸時代には伊丹や池田に出稼ぎし、その技術力が評価され、やがて今津郷、西宮郷、魚崎郷、御影郷、西郷のいわゆる〝灘五郷〟の杜氏として灘の酒を全国に知らしめたのだ。

丹波杜氏の故郷、篠山市は、京都の古道とつながり、〝小京都〟とも言われる。旧丹南町には京都の松尾山を想起させる松尾山がある。京都の松尾山の近くには、渡来人の秦氏が酒造技術を広めたことから〝日本第一酒造神〟を祀る松尾大社がある。旧丹南町の松尾山の近く古市には、酒井姓を名乗る人たちが多く、昔から酒造りと縁が深かったようだ。

丹波杜氏が出稼ぎに出られるようになったのは、簡単ではなかった。江戸時代、篠山藩は藩内の労働力流出を懸念して、〝百日稼ぎ〟を全面禁止していたのだ。その禁止令を解除してほしい、と身命を賭して直訴したのが、江戸時代後期の宝暦8（1758）年、今田組市原に生まれ、不運な人生を送った市原清兵衛だった。

その願いが通じて、出稼ぎ制限令が大幅に緩和され、丹波杜氏にも道が開かれたのだ。丹波杜氏にとって、市原清兵衛は義民、恩人として敬われている。命がけで酒造りを守った義侠の杜氏が、盃に浮かんでくるのでは。

52

殿様の好物が、名物料理になった?

日本人は麺類が好きなようだ。日本蕎麦《そば》やうどん、それに外国人にも人気の日本のラーメン。それらは元をたどれば、中国や朝鮮半島から入って来た。

地域によって、その好みは多少の違いがあるようだ。関東では日本蕎麦が、関西ではうどんが、九州ではラーメンがという風に。

その背景には日本蕎麦やうどんのように、産地が近くにあるからかもしれない。関東では信州、関西では讃岐、九州では福岡・天神の屋台というのが浮かぶ。

ところが但馬地域の豊岡市出石町では、蕎麦栽培の産地でもないのに、出石の皿そばが人気なのだ。蕎麦と言えば、信州蕎麦が思い浮かぶ方が多いのではなかろうか。実は出石の皿そばの始まりは、その信州にあった。それも大の蕎麦好きの殿様が、持ち込んで来たのだ。

江戸時代中期、赤穂浪士の吉良邸討ち入り、いわゆる忠臣蔵の討ち入りがあった3年後の宝永3(1706)年に、信州上田藩主だった仙石政明《せんごくまさあきら》が、国替えで但馬の出石藩主となったときに、信州蕎麦が大好きだったので、信州の蕎麦職人も同行させて、出石で蕎麦をつくらせたのだ。

それがいまでは、信州から移り住んだ蕎麦職人の子孫も含む、40店舗を超える蕎麦店が軒を並べるまでになった。観光客誘致に大きく貢献しているのだから、殿様の勝手も許されるのかもしれない。

現在のような割り子タイプの皿そばになったのは、幕末のころ。屋台で民衆に提供されるようになったとき、持ち運びしやすいように、白磁の出石焼きの手塩皿《てしおざら》に盛り付けたのが始まり、と言われている。

それが現在のようなスタイルになったのは、昭和30年代ごろからだそうだ。以前は皿に直接出し汁と薬味をかけて口にしていたが、いまは通常1皿に二、三口程度の蕎麦の量を盛り付け、徳利に入った出し汁と薬味、トロロ、生卵を蕎麦猪口《そばちょこ》に入れ、蕎麦をつけて口にする。

通常は一人前5皿が提供される。市内では4月の第3日曜日に、出石名物そば喰い大会が催され、観光客に皿そばをPRしている。筆者も幾度か蕎麦店の暖簾をくぐり、皿そばに舌鼓を打ったが、ついつい皿の数が増えた。

蕎麦はタデ科の1年草。原産地はアジア内陸部やヨーロッパの山岳部、アメリカなどといわれている。近年は、中国北東部や西南部の山岳地帯ではないかという説も有力。

出石そば

それが朝鮮半島やシベリア、中国からどう伝わったのか、縄文時代には日本で栽培されていたようだ。『続日本紀』に養老6（722）年の元正《げんしょう》天皇時代には、蕎麦の栽培を勧めている記述が残されている。

蕎麦が急速に普及したのは、鎌倉時代に宋から帰国した聖一国師が、水車を利用した製粉技術を持ち込んで来てから、とも言われている。江戸時代以前には、蕎麦粉に熱湯を加え掻き混ぜたソバガキが一般的だったが、いまのようなソバ切りとなったのは江戸時代以降。拙稿は横に置いて、皿そばを重ねては。

53

播州の素麺は、神戸経由で三輪素麺が伝わった？

食欲が衰えがちな真夏に、冷えた素麺を口にして、涼を楽しむのは日本ならではなのか。素麺の原型は、奈良時代、遣唐使が中国から日本に持ち帰った唐菓子《からかし》の索餅《さくへい》と言われている。平安時代から鎌倉時代には、索麺《さくめん》という記述が出ている。これが後の素麺になった。

素麺づくりは、宝亀年間（770〜781年）、三輪明神大神《おおみわ》神社（奈良県桜井市）で始められた、と伝わっている。その製法が、江戸時代中ごろ、各地に広まった。

いまでは、明治27（1894）年に統一されたブランド、西播磨地域（姫路市、たつの市、宍粟市、揖保郡、佐用郡）の『揖保乃糸《いぼのいと》』が、全国一の手延べ素麺生産量を占めている。

農林水産省によると、手延べ素麺の生産シェアは、毎年、兵庫県が2位の長崎県を抑えて、約43％と1位を維持している。

明治2（1869）年には三輪明神大神神社の御札をもらい、たつの市神岡町の塩盛山に大神神社（別名・そうめん神社）を祀り、播州素麺の守り神としたほどだ。

播州で手延べ素麺が本格的に生産されたのは、江戸時代の中ごろ、安永年間（1772〜1781年）とされている。当時の龍野藩が、農家の農閑期の副業として奨励した。

それ以前にも、室町時代の応永25（1418）年に書かれた斑鳩寺（揖保郡太子町）の古文書に、〝サウメン〟という記述や、伊和神社（宍粟市）の造営にも〝そうめん〟の記述が出ているので、播磨地域でも食されていた。

播磨地域は、揖保川などの伏流水が素麺づくりに適した軟水であることや、赤穂から良質な塩が入手できるうえ、寒暖の差が大きく、しかも降雨量が少ないので乾燥させやすい、という利点があった。

播州の手延べ素麺は三輪素麺の系統だが、直接、製造方法が伝わったのではない。江戸時代から三輪素麺の製法で素麺を製造していた神戸・灘地域（魚崎、横屋、青木村など）の『灘目《なだもく》（なだめ）素麺』を経由したものだ。

灘地域では、江戸時代の寛政年間（１７８９～１８０１年）ごろから、原料の小麦を関東や播磨地域から仕入れ、向背の六甲山から流れる住吉川、石屋川、都賀川などに水車を設けて製粉し、素麺を製造していた。農閑期には、播磨地域の農家から素麺職人が灘にやって来た。明治に入ると灘の『灘目素麺』は、家内工業から近代化が進み、海外向けにも力を入れ、明治30（１８９７）年ごろには、生産量が３８０トンと最盛期を迎えた。

しかし、大正時代に入ると、生産用地の確保が難しくなったり、水車業の衰退、労働力の不足も重なるなどして次第に衰退した。

昭和に入ると、衰退した灘で従事した播州の農家が、地元に戻り素麺づくりに励んだので、播州は手延べ素麺の一大産地となった。

神戸市東灘区青木には、『兵庫県に於ける素麺発祥の地』と刻した石碑がある。奈良から神戸へ、そしてたつのへと素麺の生産地が引き継がれる過程は、環境の変化による産業の伝播を見るようだ。

「兵庫県に於ける　素麺発祥の地」の碑

54

たこ焼きのルーツは、明石焼き?

関西の粉もの文化の代表格は、お好み焼きとたこ焼きか。いまでは全国区だ。中でもたこ焼きは、店員が器用に金串や竹串で、半球形状の凹部が並ぶ鉄板に流した小麦粉を、クルクルと回して仕上げる様子が珍しいようだ。

このたこ焼きが大阪で生まれたのが、昭和10(1935)年ごろ。それまでにも大正時代から似たようなものがあった。それは〝チョボ焼き〟〝ラジオ焼き〟と呼ばれた。

〝チョボ焼き〟は、中にコンニャクを入れた。〝ラジオ焼き〟は、〝チョボ焼き〟より大きめで、生地を味付けして中に肉を入れた。

あるとき、大阪の〝ラジオ焼き〟店主が、客から「明石では中にタコを入れとるで」と聞かされたのがヒントになり、肉の代わりにタコを刻んで入れたのが、たこ焼きの原型になったそうだ。

当初はソースも付けず、つまんで口にした。いまでは溶いた小麦粉の中に、タコ、ネギ、紅ショウガ、天かすなどを入れて焼き、ソースや鰹節、青ノリなどをかけるスタイルになった。

ではたこ焼きのルーツとなった、明石焼き(玉子焼き)とはどんなものか。実は平成28(2016)年にご当地グルメの町おこしイベント『B−1グランプリ全国大会』で優勝し、全国ブランドになった、明石の郷土料理の一つ。平成31(2019)年には、明石市で同大会を開催。

この明石焼き(玉子焼き)は、鶏卵、小麦粉、でんぷん質の沈粉《じんこ》または浮粉《うきこ》を溶き、具材として明石名産のタコの切り身を入れて、直径5センチメートルの凹部の銅製の専用器で柔らかく焼き上げ、出し汁に浸けて食する。

地元住民は、明石焼きを玉子焼きと呼び、市内には70軒以上の店が味を競っている。

明石焼き（玉子焼き）の誕生は、江戸時代末期、天保年間に遡る。それも食べ物とは無縁の化粧用具から、というから意外だ。

当時、かんざしには貴重なサンゴを使っていたが、あまりにも高価なので、硝石や滑石などを粉末にし、卵白を接着剤として模造サンゴをつくっていた。これが〝明石玉〟と呼ばれた。

その〝明石玉〟を考えたのが、江戸のべっこう細工師、江戸屋岩吉なる人物。明石に滞在したとき、寒さで割れた卵が固まるのを見て、卵白を接着剤として利用することを思いつき、模造サンゴを開発した。明石にちなんで〝明石玉〟と名付けた。

明石焼き　（一社）明石観光協会提供

大量の卵を使うので、大量に黄身が残る。捨てるのはもったいない、と、〝明石玉〟をつくる鍋を使い、特産品のタコを具材にして焼き、屋台で売ったところ、そのフワフワとした食感が評判を呼んだ。別名の玉子焼きは、明石市に陶器の明石焼があったから、紛らわしいと考えたようだ。

たこ焼きにも明石焼き（玉子焼き）にも欠かせないタコ。昼網の魚介類が入る、明石駅前の魚市場〝魚の棚〟（地元では、うおんたな）では、獲れたてのタコが、店頭から逃げ出してニョロニョロする姿も見られるかも。

55

神戸スイーツは、どうして生まれたのか？

日本のスイーツを代表するのが、いわゆる、神戸スイーツだ。神戸はもちろん西宮、芦屋、三田など近隣都市のスイーツ業者も加わり創意と工夫を凝らして、腕に撚りをかけてつくっている。

その中には、ユーハイム、ゴンチャロフ、モロゾフ、フロインドリーブといった老舗から、近年はダニエル、アンテノール、トゥーストゥース、パンタイム、アンリシャルパンティエ、ツマガリ、ミシェルバッハ、ケーニヒスクローネ、モンロワール、パティシエ エス コヤマなど神戸スイーツを彩る洋菓子屋さんが、次々と生まれて、人気を呼んでいる。

神戸の洋菓子が、なぜこんなにも発展し、ファッションのように内外で評判となったのか。そこには港町ならではの背景があった。

神戸港が開港して平成30（2018）年で150年目を迎えた。開港時には北欧をはじめ、多数の欧米人が神戸にやって来て、当時の兵庫津の東約3・5キロメートルから東の神戸村までの約26万平方メートルを126区画に分けて、32年間、治外法権の外国人居留地とされた。当初は400人余りの外国人が、二十数年後には2000人を超えていた、というほどに、にぎわっていた。

居留地の外国人は、自国の食べ物を口にするので、当然ながらパンや洋菓子などのデザートを手当てする。イギリス人やフランス人らがパン屋を開業したり、ホテルの開業に合わせてデザート用の洋菓子も提供された。

外国人の食生活に関心を抱いた日本人の中で、明治6（1873）年、亀井堂総本店が洋菓子タイプの瓦煎餅を売り出したり、明治10（1877）年には鹿田屋がビスケットを、明治15（1882）年には二宮誠神堂が居留地の外国人向けに洋菓子を、5年後には洋菓子店の野中商店が開業するなど、明治末から大正時代にかけて、日本人による洋菓子業者が陸続と増えた。

また、神戸の洋菓子の基盤を強固にしたのが、外国人の洋菓子店だ。

よく知られるのが、大正12（1923）年にロシア革命を逃れて来日したチョコレート職人、マカロフ・ゴンチャロフによるゴンチャロフ製菓の高級チョコレートや、ハインリッヒ・フロインドリーブの大ミミと呼ばれる洋菓子、関東大震災で東京から神戸にやって来たカール・ユーハイムも、ドイツ菓子のバウムクーヘンをつくって、神戸の人たちに洋菓子の魅力を伝えた。

そのころには、外国航路で修業した日本人コックも洋菓子店を開業したり、その後、昭和初期にはフョードル・ドミートリエヴィッチ・モロゾフが来神し、チョコレートをつくる神戸モロゾフ製菓を創立。

モロゾフは英字新聞（ジャパン・アドバタイザー）で、バレンタインデーにチョコレートをプレゼントする広告を掲載したことから、日本にバレンタインデーチョコレートを広めた人物としても知られている。モロゾフは会社の経営をめぐって、出資者と裁判になったので、その後、新たにコスモポリタン製菓を立ち上げ、再起を計った。

商号変更後、モロゾフ（株）の商品の中でもヒットしたのが、プリンをこれまでになかった、ガラス容器入りにした独創的な商品。容器欲しさに、プリンを買ったとか。

第二次世界大戦後、焼け野原の神戸市に進駐軍が駐留したことや、洋菓子材料などの物資統制が解除されたり、価格統制も撤廃されるなど、復興への勢いが強まるにつれて、再び洋菓子業界にも活気がみなぎってきた。

さらに高度経済成長を経て、市民の所得が増えるにつれ食文化も多様化し、新しく洋菓子業界に乗り出す人たちも増えた。

彼らは国内ばかりか、海外のコンテストでも度々、賞を受賞。マスコミでも人気のパティシエとして紹介され、若者の間でもパティシエが人気の職種に挙げられているので、ますます裾野は広がっている。

日本の洋菓子市場は、2806億円（2015年）と、ここ数年は順調に成長している。洋菓子と思われているものの中には、実は日本で創意工夫された物も多い。

たとえば、いまは当たり前になっているイチゴを載せた生クリームのショートケーキ。このルーツはアメリカだが、元々はスポンジ生地ではなく、厚いビスケット生地にたっぷりの生クリームとイチゴを載せたのが始まりだ。それを大正時代にスポンジ生地にしたのが、日本風のショートケーキ。

喫茶店などで女性や子どもにも人気のプリン・ア・ラ・モード。プリンは海外が発祥だが、プリンの周りにフルーツをふんだんにあしらったものは、日本独自の発想。横浜のホテルが考案。

チョコレート生地に、生クリームや洋酒を練り込んで柔らかい食感にした生チョコ。これも日本人の創作。チョコレートの本場、ヨーロッパ人も驚いている。

何層にも重ねたクレープに挟んだクリームと、フルーツのマリアージュが人気のケーキ、ミルクレープも日本発。意外に思われるものにコーヒーゼリーがある。日本生まれの冷菓だ。昭和28（1953）年に軽井沢の喫茶店が、大正時代のレシピを参考にしてつくったところ人気化。来日した外国人もびっくりしたとか。

こうして見ると、明治のいわゆる文明開化以降、日本人がいかに外国文化に興味を抱き、いち早くよいものを取り入れ、日本に馴染むように創意工夫してきたかが、食文化を通しても窺い知れる。それは主食ではなく、いわゆるデザートとしての洋菓子、スイーツにも色濃く現れているのも、日本人の食へのこだわりを示しているようだ。

ただし、人気に乗って多店舗化したり、圏外に進出して勢いを失うケースもある。自分好みの店は、自分だけのものにしておきたい、という心理はどこかにあるようで、全国区になると、神戸スイーツの顔が薄れるのかもしれない。

お菓子の神様、田道間守命を祭る豊岡市の中嶋神社

面白いことに、兵庫県には〝スイーツの神様〟が、古代より祀られていたのだ。それが第33代推古《すいこ》天皇時代に創建されたという豊岡市三宅の中嶋神社。

祭神は〝菓祖神〟と言われる、田道間守命《たじまもりのみこと》。第11代垂仁《すいにん》天皇の命を受けて、10年の歳月をかけ、不老長寿を叶えるという『非時香菓《ときじくのかくのこのみ》』を持ち帰った、と伝わっている。この非時香菓は、ミカン科の橘。柑橘にもなるもの。橘は菓子の最上級品とされていた。

毎年4月に行われる例大祭「菓子祭・橘菓（花）祭」には、全国から多数の製菓業者が、参拝に訪れるそうだ。古代より甘いものに目がなかった、というのも興味深い。

灘の酒に欠かせない、宮水ってどんな水?

灘の酒に欠かせないのが〝宮水〟。灘の酒と対比されるのが京都の伏見の酒。伏見の名前の由来になったのが、伏流水の〝伏水〟。桃山丘陵をくぐった、カリウム、カルシウムなどをバランスよく含んだ伏流水は軟水。

これに対して、灘の宮水は硬水。酒造りに不適当な鉄分が少なく、発酵によいリン、カリウムなどが多いので、発酵を促すことができ、そのため米が溶けやすくなり、大量生産ができるようになった。そのうえ酒の品質も大きく改善されたのだ。

これに酒米、優秀な杜氏の技術、気候条件が重なり、絶妙な端麗で辛口、後味がすっきりとした、しかも長期保存にも適した酒として、評価を高めている。秋に旨味《うまみ》が増すことから〝秋晴れ〟とも呼ばれる。

「宮水発祥の地」碑

そこに大きな役割を占めているのが宮水だ。伏見の酒や他地域の酒では、宮水とは言わない。なぜ灘の酒だけが宮水なのか。

宮水とは〝西宮の水〟が略されたものだ。いまでこそ灘の酒に欠かせない水として、よく知られていて、古くから当然のように使われていたのかというと、意外にもそうではなかったのだ。

この宮水に気付いたのは、天保8（1837）年、摂津國西宮（西宮市）の酒造業、桜正宗の第6代蔵元、山《やま》邑《むら》太左衛門だという。山邑は西宮と魚崎（神戸市東灘区）で酒造りをしていたが、同じようにつくっても、西宮のほうが、良質な味がすることを不思議に思っていた。

その原因が西宮の梅ノ木蔵の井戸にあるのでは、と気付いたのだ。梅ノ木井戸の近くには夙川が流れていた。その伏流水と後背地の六甲山の花崗岩で濾過《ろか》された水に、大阪湾の塩分を含んだ海水がほどよく混じった水になって、水質は軟水の多い近畿地方では珍しい硬水になっているのだ。いまも西宮市久保町に『宮水発祥の地』の碑が建っている。

その水には酒造りに害になる鉄分は少なく、反対に麹《こうじ》や酵母の栄養になるカルシウムやカリウムのミネラル成分やリンが多く含まれているので、発酵を促進する効果があった。

宮水の発見で、灘の酒蔵は一斉にこの西宮の水を使おうと井戸を掘ったが、必ずしも同じ水脈に当ることはなかった。これに目を付けた農民らが、同じ味の水が出る井戸を掘って、酒蔵に宮水を売る商売を始めたのだ。これを〝水屋〟と呼んだ。

この宮水が西宮、今津、魚崎、御影、西郷のいわゆる〝灘五郷〟と呼ばれる酒蔵を繁栄させたが、昭和35（１９６０）年以降の高度経済成長時代に入ると、西宮市は阪神工業地帯に組み込まれ、水質汚染や土木工事などによる水脈の変更などによる水量の減少も懸念されたのだ。

そのため酒造業界では、行政への働きかけも行うなどして、宮水の保全に取り組んでいる。宮水の保全が、灘の酒を守るまさに〝命の水〟なのだ。美味しい灘の酒に宮水あり。

57

兵庫県は、養殖海苔の生産量がトップクラス?

日本人の食卓に欠かせないのが海苔《のり》だ。特に旅先での朝食には、パリパリに焼かれた海苔と生卵、塩鮭が定番にもなっている。温かいご飯に卵をかけ、海苔を巻いて食べる、という経験は誰しもが持っている筈だ。これほど日本人に馴染みのある食材はない。

ただし、この海苔は外国人には消化がよくないようで、顔をしかめるようだ。日本人にしか消化されない、という珍しいものだ。いわば日本人特有の食材。

海苔は、美味しさの源のアミノ酸を多く含んでいて、たんぱく質や食物繊維、ビタミン、カルシウム、ＥＰＡ(エイコサペンタエン酸)、タウリン、ベータカロチンなどの豊富な栄養素を含んでいる。

この海苔に着目した日本人は、１５００年前ごろから口にしていたそうで、世界でも稀有な民族と言えよう。それもこれも、周囲を海に囲まれた海洋国家の知恵でもあろう。

この海苔は、いまでは養殖されている。これも日本人の優れた技術力だ。しかし綺麗な海水と潮流の速さ、栄養豊富な海域、寒冬の季節風に左右される要素が大きいので、良質な海苔が育まれる地域は限られてくる。

兵庫県の養殖海苔は、昭和30年代から始まった後発県だが、その後、同50年代から急速に発展した。潮の流れが速く、特産の明石鯛、明石タコが育まれる栄養豊富な明石海峡という漁場、冬は瀬戸内海気候に恵まれた季節風にもまれる、という環境にも恵まれている。少し硬いものの、色が黒くて艶やかな仕上がりになるので、コンビニエンスストアなどのおにぎり用海苔に多く使われている。

そうした養殖海苔の水揚量で、常に上位を占めるのが、佐賀県、兵庫県、福岡県だ。農林水産省の統計では、平成27（2015）年の養殖海苔の水揚量は、全国合計で29万7310トン。そのうち兵庫県は1位の6万7353トン、2位の佐賀県が6万6580トン、3位の福岡県が4万7763トン。兵庫県は全国シェアの22・6％を占めている。そのうちの約30％は、海面が穏やかな淡路島の瀬戸内海側で生産されている。この他にも東は神戸市、西は明石市（林崎、二見）、加古川市（別府）、赤穂市と養殖地域は多い。

ただし水揚量と生産高は、必ずしも一致しない。というのは、海苔の大手加工業者が、福岡県や佐賀県に工場を多く設置しているためで、養殖海苔の生産高になると順位が異なる。

平成28（2016）年の全国の加工生産量合計は、71億8669万枚。そのうち1位が福岡県の12億3088万枚、2位が千葉県の7億1651万枚、3位が佐賀県の6億9280万枚と続き、兵庫県は9位の2億6913万枚となった。これは上位地域に加工工場が多く立地しているから、と言える。

JR山陽本線の電車からは、神戸・須磨沖合に養殖筏が多数見られ、収穫期には筏で作業する様子が、風物詩にもなっている。

58

西日本初の官営ワイナリーが、稲美町にあった？

ワイン人気が続いている。日本が国産ワインの製造に取り組んだのは、富国強兵を国策とした明治新政府の時代から。海外に出た当時の日本人が目にしたのは、水が少ない荒れた丘陵地に広がるブドウ畑だった。

そのブドウからワインを製造し、地域の経済を潤すばかりではなく、輸出産業としても成り立っていることを知り、国土の大半を占める中山間地を農地としても活用できるし、ワインに加工して輸出すれば外貨も獲得できる、またワインが国民に定着すれば、米価の抑制にもなる、と考えたのだ。

そこで明治5（1872）年、内藤新宿試験場（後の新宿御苑）と、同7（1874）年に三田育種場（東京）を開設して、欧米から取り寄せたブドウ約100種を移植し、実験栽培したのだ。

ところが東京地方は寒冷で湿潤な気候であったので、果実にカビが発生して思うように進まなかった。そこで温暖な西日本でしかも貿易港が近い地域に葡萄園を開設することにした。そのため内務省から派遣された福羽逸人《ふくばはやと》は大阪府近郊を物色した。

それを知った加古郡長の北條直正《ほうじょうなおまさ》は、福羽に会い加古郡印南新村（加古郡稲美町）への誘致を申し入れたのだ。当時の印南新村地域は水が乏しく、毎年、干害に悩まされたので水田が少なく、畑地では主に綿花を栽培していたが、幕末以降、安価な外国綿花が大量に輸入され、農家の経営は窮地に陥っていた。

そこで乾燥地でもあるこの地を葡萄園として再生したい、との思いを訴えたところ願いが叶い、明治13（1880）年、西日本で初の官営ワイナリー『播州葡萄園』が開設され、ヨーロッパ産ブドウを中心にした43種、

2万8000本余の垣根栽培に着手したのだ。

ブドウ畑は逐次、整備され年々収穫量は増え、4年後には約66種、19万本以上に拡張された。園内にはガラス温室やワイン醸造場も整備され、ワインやブランデーが試作された。

軌道に乗りかけたところ、思わぬ展開になった。明治18（1885）年、葡萄園で樹木を枯死させる害虫のフィロキセラが発見され、約4600本のブドウが焼却処分されたのだ。

それに追い打ちをかけたのが、明治18（1885）年の台風被害で、収穫量が激減。さらに政府の財政緊縮政策で、政府直営の鉱山や工場などが民間に払い下げになった。その影響を受けて、明治21（1888）年、民営化された。2年後には、播州葡萄園のボトルラベル『BANSHU BUDOYEN 葡萄酒 ブランデー』が商標登録され、ようやく開園11年目にして販売段階にこぎつけた。

ところが大きな転機がやって来た。明治24（1891）年、淡河川疎水が開通すると、いなみ野でため池づくりと畑の水田化が急速に進んだことから、遂に明治37（1904）年に葡萄園は閉園され、広大な葡萄畑は、現在、葡萄園池となり、『播州葡萄園』は幻のワイナリーとなった。

ただ、その経験が、その後の国産ワイン醸造に少なからず影響を与えた、と思える。

59

地元の食べ物に、異色のネーミング？

ご当地グルメの町おこしイベント『B―1グランプリ全国大会』が人気を呼んでいる。平成18（２００６）年に青森県八戸市で始まったイベントだが、年々、参加地が増えて、それぞれの地元で自慢の料理をアピールしている。

兵庫県でも、平成28（２０１６）年に、明石市の明石焼き（玉子焼き）が優勝して兵庫県の地元料理が注目されたが、これに参加したのは明石市だけではない。

加古川市の〝かつめし〟や高砂市の〝にくてん〟、佐用町の〝ホルモンうどん〟、小野市の〝ホルモン焼きそば〟、姫路市の〝姫路おでん〟と積極的だ。その中で「どんな料理なの？」と、つい興味を持たせるのが〝かつめし〟と〝にくてん〟か。

〝かつめし〟とは、勝負師には縁起がよさそうだが、これは皿に盛ったご飯の上に、ビフカツを乗せて、濃厚なデミグラスソースをたっぷりとかける物。かつ丼とは異なる。

また〝にくてん〟とは、肉の天ぷらか、あるいはイタリアのミラノで食した〝ミラノ風カツレツ〟か、と想像してしまうが、まったくの別物だ。いわゆるお好み焼き風のもの。

〝にくてん〟は、小麦粉を溶いた生地の上に、さまざまな具材を乗せて焼く重ね焼きスタイルだが、特徴的なのがネギやキャベツに加えて、茹でて味付けした角切りのジャガイモ、すじ肉、ちくわ、平てんなど、おでんの具材を入れる。いわゆる家庭料理が原点。おでんの残りを、翌日にお好み焼き風にしたという。

〝にくてん〟の由来は、肉入りの天ぷらとか、肉を上に乗せるので肉天とか、肉転とか諸説あるが不明。この〝にくてん〟は、戦前の神戸市内で流行ったそうで、長田区には『にくてんまち』があったそうだ。食べ物のネーミングは、そのものズバリを表わす必要があるので知恵の見せ所だ。〝かつめし〟も〝にくてん〟も、想像を膨らませるネーミングとも言える。

独自のネーミングでは、関東の〝おでん〟が、関西では〝関東煮《かんとだき》〟にもなるが、甘党には、〝今川焼〟と〝御座候《ござそうろう》〟〝回転焼〟〝大判焼〟の違いも気になるのでは。

結論を先に言えば、どちらも同じ物なのだ。小麦粉、玉子、砂糖を水で溶いてつくった生地を、直径約7センチメートル、高さ2～3センチメートルの円型の型に流し込み、そこに小豆の餡《あん》を入れて焼き上げたもの。

〝今川焼〟は、江戸時代中期、神田の今川橋近くの店で焼いて販売したもの、と言われている。〝大判焼〟とも呼ばれる。

面白いことに、〝回転焼〟を姫路などでは〝御座候〟と言う。〝御座候〟は、店の商号だ。その商号には、一人ひとりの職人が、回転焼に込めた思いが込められている、という。

甘党には、〝御座候〟のほうが馴染んでいるようだ。商品名より商号が、あたかも商品名のように定着するケースは珍しい。

第7章

こんなにもある日本一、日本初

余部鉄橋の駅は、日本一高い〝空の駅〟？

鉄道ファンは多い。日本で一番高い場所に架かる鉄橋や、駅とかにも興味があるとか。

日本一高い場所に架かる鉄橋としては、高さ１０５メートルに架かっていた高千穂橋梁（宮崎県・高千穂鉄道高千穂線）だったが、平成17（２００５）年の台風被害で廃線になったので、南アルプスを望む高さ約70・８メートルの関の沢橋梁（大井川鐵道井川線）にその後継を譲った。

また地上約20メートルの橋梁上にある、日本一高い別名〝天空の駅〟として人気があった宇津井《うづい》駅（ＪＲ西日本・三江線）は、平成30（２０１８）年４月に廃線された。橋梁上にはないが、地上約40メートルの餘部《あまるべ》駅（ＪＲ山陰本線・兵庫県美方郡香美町）が別名〝空の駅〟（展望施設）として人気を呼んでいる。

宇津井駅には、エレベータもエスカレータもなく、１１６段の階段を昇降したが、餘部駅には地上から駅舎まで、ガラス張りのエレベータが備えられている。窓から日本海の景色を眺望でき、筆者もひと味違った駅への昇降を楽しめた。

余部鉄橋横に造られた「空の駅」（著者撮影）

この餘部駅は、余部鉄橋（余部橋梁）横に設置されている。駅名と橋梁名で漢字が違うのは、姫路市を走るＪＲ姫新線の余部《よべ》駅との誤用を避けたから。駅舎の横には、旧鉄橋に架かっていた線路が敷設されていて歩行でき、高さ約40メートルの展望台から日本海を望む景色もまた人気だ。

因みに宇津井駅があった島根県邑南町の標高は、２９８メートル。餘部駅がある香美町の標高は、43・9メートル。

この余部鉄橋は、ＪＲ山陰本線の鎧《よろい》駅と餘部駅間の全長３０９・４メートルに架かる、トレッスル（鋼材をやぐら状に組み合わせた橋脚）式鉄橋としては、日本一の規模を誇る異色の存在だった。

アメリカから輸入した鉄材を使い、当時としては最高の技術力を駆使して明治45（１９１２）年に完成。この鉄橋の完成で山陰本線が全線開通となったのだ。

余部鉄橋は開通されたが、駅は設置されなかった。住民は列車の通行の合間を縫って、約１・８キロメートル離れた隣の鎧駅まで、鉄橋を歩いて渡った。トンネル内は暗く、鉄橋でも一歩間違えれば約40メートル下に転落する危険もあったが、住民は枕木の間隔を体で覚えていたので、無事だった。

利用者の不便な声が届き、餘部駅が完成したのが昭和34（１９５９）年。村中総出で海から石を運び、駅までの道路やホームづくりを手伝ったという。いかに住民の願いが込められた駅だったか。

しかし余部鉄橋を試練が襲った。昭和61（１９８６）年12月、福知山発の回送列車が余部鉄橋を走行中に、最大風速が秒速約33メートルという強風にあおられて客車７両が橋下に転落し、多数の被害者を出した。

これを教訓に平成22（２０１０）年、コンクリート製の新橋梁に架け替え、透明なアクリル製の防風壁を設置し、毎秒30メートルの風速でも運行できるようになった。

地元では〝空の駅〟効果に、期待を膨らませている。

61

兵庫県は、古墳の数、遺跡の数が日本一多い？

日本で発掘されている古墳の数は、16万1560基あると言われているが、実は兵庫県が古墳の数では1万6577基と日本一多いことは、あまり知られていない。全国の10％強を占めている。

では、なぜ古代の王朝の中心地であった奈良県よりも兵庫県に古墳が多くつくられたのか、という疑問が湧いてくる。それを解くヒントが、古墳の成り立ちと、当時の兵庫県の置かれた位置との関係にありそうだ。

日本の古墳を代表する前方後円墳が出現したのは、3世紀半ばから8世紀末までと言われている。

この時代は、まだヤマト（大和）朝廷が成立して勢力を拡大していった途上だった。実際はヤマト王権の大王の下に、各地の有力な豪族が連合して政権を支えていた、いわゆる豪族による連合国家であった、と言われている。

各地の豪族間で権力を誇示するために、古墳を競うように造営したとも考えられる。それだけこの地に、ヤマト王権に深く関わった有力な豪族が多かった、とも言えるのでは。

古墳の中でも、近畿地方で最大規模の円墳と言われるのが、兵庫県朝来市の茶すり山古墳だ。5世紀前半に築かれたとされ、直径が90メートル、高さが18メートルという大きさで、ヤマト王権内でもトップクラスの人物だった、と想像されている。

また兵庫県内で最大規模の前方後円墳は、神戸市垂水区の五色塚古墳《ごしきづかこふん》だ。全長が194メートルで4世紀後半から5世紀にかけて築かれたと言われている。当時、この地を支配していた大王の墳墓とか、第14代仲哀《ちゅうあい》天皇の偽陵とも伝わる。

播磨地域には、姫路市の全長が１４３メートルにもなる壇場山古墳《だんじょうさんこふん》を初めとして、大小約１００基を超す前方後円墳がある。このように密集して古墳がある地域は、全国的にも大変珍しい。

その背景には、古代に但馬地方を通じて、朝鮮半島から高度な土木技術などを身に付けた渡来人が、数多く渡って来たこととも無縁ではなかろう。また有力な豪族が多かった、ということは、それだけ人口が多かった、とも言える。となると、遺跡も多くなる。

全国の遺跡の数は、文化庁によると平成25（２０１３）年時点で46万５２１件、そのうち兵庫県は、2万５４０６件と日本一。兵庫県内の遺跡は、温暖な気候風土と平野部にも恵まれている神戸市、明石市、加古川市、姫路市、相生市、赤穂市などの瀬戸内海沿いに多い。

また文化庁によると、兵庫県は出土品の銅鐸件数も、全国の10％強を占める57点と、全国一なのだ。平成27（２０１５）年には、舌《ぜつ》と呼ばれるものを備えた完全な形の物が、淡路島で見つかり注目された。

この銅鐸は、島根県荒神谷遺跡で発見された銅鐸と同じタイプと言われている。国生み神話の淡路島と、国譲り神話の出雲とが図らずも銅鐸で繋がっていた、とは古代史ファンならずとも興味深くなろう。

五色塚古墳

62

日本一低い分水界が、兵庫県にある？

水は高い所から低い所に流れる。当然のことだが、では改めてその流れた水が、最終的に日本海側に流れるのか、あるいは太平洋側に流れるのか、を考えてみたことはあるであろうか。

本州の川は、日本海側あるいは、太平洋側（瀬戸内海側）に流れ着いている。そのどちらかに流れるのを分けているのが、日本列島の中央を北から南に走る背骨のような〝中央分水界（中央分水嶺）〟だ。この中央分水界を境にして、気候や植物分布、生物分布も異なるうえに、人間の行動にも大きく影響を与える、というから見過ごせない。

全国各地にこの分水界はある。日本で一番高い所にある分水界（分水嶺）は、飛騨山脈（北アルプス）南部に聳《そび》える、日本で19番目に高い、長野県松本市と岐阜県高山市にまたがる乗鞍岳《のりくらだけ》の主峰、標高３０２６メートルの剣ヶ峰にある。そこに降った雨は、やがて信濃川、神通川を下って日本海側に、また木曽川を下って太平洋側に流れている。

では日本で一番低い分水界（分水嶺）はどこか。諸説あるようだが、実は兵庫県にあるのだ。丹波市氷上町石《い》生《そ》の『水分《みわ》れ』がそれ。

日本一低い場所にある分水界、石生の『水分れ』は、標高95・45メートルにある。本州には１０００メートルから３０００メートル級の山々があり、それらを越えて往来しているが、ここ石生ではわずか標高95・45メートルを越えれば南北を往来できるのだ。

その場所は、桜の名所でもある高谷川公園を流れる細い用水路にあり、そこを分岐点に北側の黒井川、竹田川、土師川、由良川を経由して約70キロメートル流れ、日本海側に辿り着く。また高谷川本流を流れ、加古川を経由して約70キロメートル流れると、瀬戸内海側に辿り着く。その用水路には、矢印で標識が建っている。

国道175号と国道176号が交わる交差点が〝水分れ交差点〟と称されている。国道175号は、別名を〝水分れ街道〟と呼ばれている。その南にある橋が〝水分れ橋〟（標高101・04メートル）。町は〝石生の水分れ〟の看板を設置したり、水分れ公園、水分れ資料館を整備して、水分れ街道を往来する人たちを呼び止め、この日本一低い分水界で活性化しようとしている。

標高差が殆どない場所なので、安全にそして容易に南北を往来できることから、この一帯は〝氷上回廊《ひかみかいろう》〟とも呼ばれ、日本海側と瀬戸内海側を結ぶ交通の要衝でもあった。

かつては高瀬舟で荷物を運び、あるいは陸路で南北を往来していたのだ。古代には大陸や朝鮮半島から渡来する人たちが、〝氷上回廊〟を経由して、瀬戸内海に出て、淡路島、和歌山からヤマト（大和）に物資を搬入したり、交流を活発にしていた。

この〝氷上回廊〟周辺には、由良川沿いの蛭子山《ひるこやま》古墳、茶臼山《ちゃうすやま》古墳、牧正一《まきしょういち》古墳など、また加古川沿いには丸山1号古墳、行者塚、人塚、小野玉塚などの古墳が多いのも、古代から発達した地域であった証。水分れ効果とも言える。

水分かれ公園内にある標識

63

兵庫県は、ため池の数が日本一多い？

日本全国のため池の数は、年々、減少しているそうで、約19万か所とも言われている。そのうち兵庫県には約3万8000か所あると言われ、日本一多い。2位が広島県の約2万か所、3位が香川県の1万5000か所。全国の約20％を占め、兵庫県が断トツに多い。

ため池は、近くに川がないので、農業用水として雨が少ないときでも水を使えるように、人工的に水を貯えておく池のことだ。

兵庫県の瀬戸内海側の南部地方や淡路島地域では、降水量が少なく、特に冬は温暖な傾向があるので乾燥しやすく、水を貯めておく必要がある。淡路島は県内最多だ。

こうしたことから東播磨地方は、全国的にも珍しいため池集中地域になっている。この東播磨地方は、酒米として知られる山田錦などを作る県内有数の米どころでもある。

また農作物の栽培地でもあるので、当然ながら多量の水を必要とする。ところがこの地域には明石川（明石市）、加古川（加古川市）、美濃川（三木市）という川が流れているが、地形的に極めて水の便が悪く、そのため江戸時代には1万ものため池がつくられて、田畑を潤していたのだ。

ため池が多く集まる稲美町

古墳や遺跡が日本一多かった、ということからも稲作が発展した、と考えられるので、当然ながらため池も多かったと思われる。中でも、県内有数のため池集中地域は、加古郡稲美町だ。この地域は、田畑が広がる平野部で、米や野菜の生産地でもある。そのためこの地域には、最盛期に１４０か所もあったという。

いまは約89か所に減っているが、県内最大の貯水面積（約49ヘクタール）を誇るのが、加古大池《かこおおいけ》。この加古大池は大きな四つのため池から成っている。水量が豊富なので、池では水上スポーツを楽しむ姿が見られる。

またこの地域には、県内で最古のため池と言われる天満大池《てんまおおいけ》がある。このため池は、白鳳３（６７５）年の造営と伝わっていて、県内で2番目に大きく、約２００ヘクタールの田に水を供給している。池には水草が生い茂っている。池の中央には、歴史を刻む石碑が建っている。

他には農林水産省のため池百選にも選ばれた昆陽池（伊丹市）も天平３（７３１）年と古く、貯水量も15万トンと大きい。この池は東大寺大仏建立を指揮した、奈良時代の高僧の行基上人が約10年かけて造営したと伝わっている。彼は集団を率いて、河川の氾濫を防ぎ、農業用水のため池をつくったそうだ。

伊丹市は、東京ドームの約6倍にもなる、この昆陽池周辺の約28万ヘクタールを自然公園にして市民のいこいの場とした。池の中央には日本列島が作られ話題を呼んでいる。飛行機の上空からも見えるからだ。

また昆陽池は近畿圏でも有数の渡り鳥の飛来地にもなっている。渡り鳥も、昆陽池の日本列島を目印に飛来するのか、とつい思ってしまう。野鳥を楽しむウオッチャーの聖地にもなっている。ため池に生物は、頼っている。

64

兵庫県は、松葉ガニの漁獲量が日本一？

冬の味覚は多彩だ。フグやカニ、ブリなどを鍋料理で味わう人も多いに違いない。ただ、カニ料理を口にするときは、なぜかカニの身をほぐすのに必死になり、口数が少なくなる。これもカニ料理ならではのことか。

ひとくちにカニと言っても、ズワイガニ、タラバガニ、毛ガニなどと呼ばれる種類があるが、中でも人気なのがズワイガニ。

このズワイガニは、水揚げされた産地によって呼び名が異なる。よく知られるのは山陰の京都から但馬漁港、島根漁港で獲れる松葉ガニ、福井の越前海岸で獲れる越前ガニ、北海道の北海松葉ガニ、山形県庄内地方のヨシガニ、石川県加賀、能登地方の加能ガニとさまざまにある。福井県の三国港で水揚げされた立派な越前ガニは、皇室に献上されるので、別名を〝献上ガニ〟と呼ばれているそうだ。

カニは脱皮を繰り返して成長するが、雄ガニが最後に脱皮したのを松葉ガニと言い、雌ガニをセコガニと言う。なぜ松葉ガニと言うのかだが、これにも諸説ある。一つ目は細長い脚の形が松の葉に似ているから。二つ目は脚の身を湯に漬けると松の葉のように広がるから。三つ目は調理の際に松の葉を使うから。

松葉ガニの漁獲量（水揚量）は、兵庫県が日本一を占めている。全国のカニの漁獲量は、平成25（2013）年が、2万9513トンで、そのうち1位は北海道の6019トン、2位が鳥取県の4752トン、3位が兵庫県で3670トンを占めている。ちなみに福井県は8位で605トンに過ぎない。

ところが松葉ガニだけを見てみると、全国の漁獲量は4181トン（100億円）で、1位は兵庫県。全体の

28％を占め1165トン（33億円）、2位が25％を占める鳥取県の1057トン（21億円）、3位が12％を占める福井県の548トン（19億円）となっている。

兵庫県が日本一の漁獲量を誇るのは、関係者の地道な努力があったのだ。

松葉ガニの漁期は、11月6日から3月20日までと決められている。水深が200メートルから600メートルのところに生息しているので、底引き網で獲る。ただし雌ガニは産卵を考慮して、12月までの漁期としているのだ。

但馬地域では、50隻近い漁船が出漁して、京都府の沖合から山口県の沖合まで、1日から5日間の操業を続けている。ところが昭和50年代から漁獲量が落ち込み、平成4（1992）年になると300トンを割るほどになった。

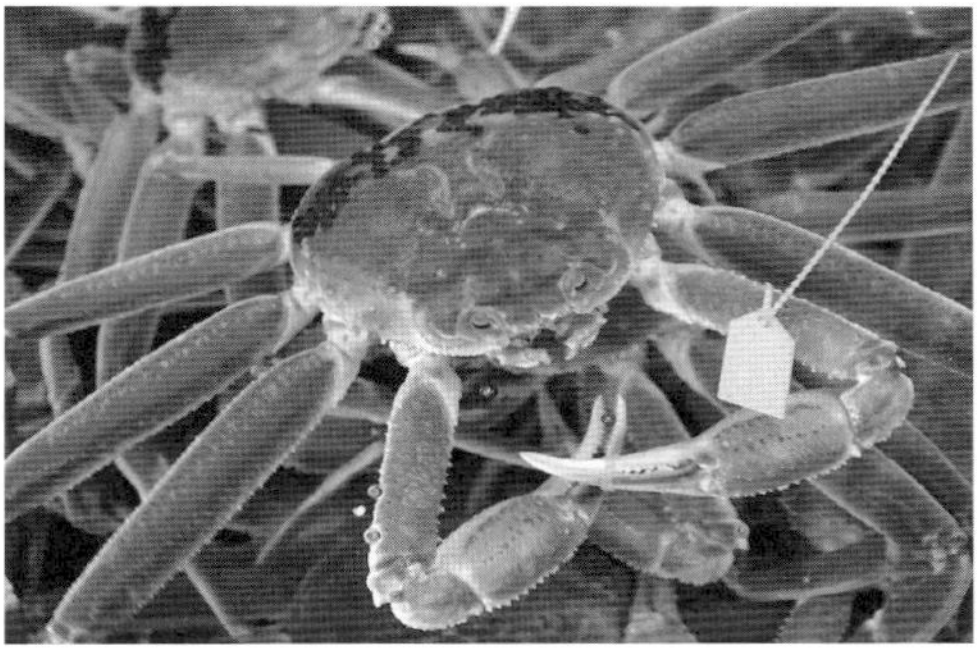
松葉ガニ

そこで危機感を抱いた漁業関係者は、禁漁区の設定や漁期の短縮、漁獲量の制限、休漁期に海底の清掃、資源の保護などを徹底した。その結果、徐々に成果が出て、いまでは日本一の漁獲量を維持するまでになったのだ。

しかも水揚げされた漁港ごとに香住ガニ、柴山ガニ、津居山ガニと地域ブランドになっている。それだけ漁業者のプライドも上がっているのだ。

65

国内初の西洋家具は、神戸市から?

神戸開港で外国人文化が、日本人に大きな影響を与えた。日常生活に欠かせない西洋家具も、関心を寄せた一つだった。

神戸の居留地に暮らす外国人にとって、長い船旅で運んだ家具は、大事な財産の一つ。日常生活で使えば、多少の傷みが出る。そこで職人に修理を依頼する。また外国人が使った家具を買い取り、再生して販売する人も出て来た。あるいは実寸を測り、分解や解体をし、組立てて製造工法を学び、塗装技術は居留地の外国人に仕えた中国人から学んだ職人もいた。

次第に西洋家具の製造方法を習熟して、やがては〝神戸家具〟の代名詞を得るまでに成長したのだ。

神戸家具の製造に深く関わったのが、真木徳助《まきとくすけ》ら讃岐(香川県)から出稼ぎに来ていた船大工たちだった。彼らが持つ和船づくりの曲線加工技術が、西洋家具の独特な曲線のデザインに、うまく生かされたのだ。

特に西洋家具ならではのデザインとして特徴的な、猫足《ねこあし》と呼ばれる優雅な曲線づくりには、彼らの技術が欠かせなかった。猫足というのは、フランス語のカブリオールレッグが由来とされ、18世紀のヨーロッパで流行った家具のデザイン。キャビネットやテーブル、チェアーなどの脚の下部が、猫の足のように、内側に向かって柔らかく、しなやかに湾曲しているデザインだ。

真木らの船大工と時期を同じくして、居留地のイギリス商館で働いていた永田良介《ながたりょうすけ》も西洋家具に関心を寄せ、『永田良介商店』を創業し、職人に西洋家具のデザインを習得させた。

大正時代に入ると、造船ブームに乗って、船内装飾などにも手を広げた。長い船旅には、家で寛《くつろ》げるような船室が求められるので、船家具や装飾、冷暖房設備などでも最先端の技術が採り入れられているのだ。

現存する最古の神戸家具とされる、明治18（１８８５）年、兵庫県福原町「天《あま》池徳兵衛《いけとくべえ》」の銘が入ったヨーロッパ風家具が、神戸市立博物館に所蔵されている。国内初の西洋家具を製造した神戸の家具は、ヨーロッパスタイルを残しながら、日本人に適した家具に変身し、神戸家具と呼ばれるようになった。

しかし、戦後は企業向けの事務用家具がスチール家具に取って代わられ、伝統的な神戸家具は、やがて個人家庭向けにと変化した。

昭和40年代の高度経済成長時代には、婚礼家具などで「つくれば売れる」という好景気を迎えた。洋家具メーカーは環境問題に対処するため、団地協同組合神戸木工センターを設立して、神戸市垂水区に生産工場を集約し、神戸家具の生産拠点にした。

一時は生産額が１００億円を超えたが、近年はマンションなどでは備え付け家具が普及するなど、生活様式の変化があり、需要は下降減少にあるようだ。

一方では伝統的な西洋家具を生かした神戸家具の人気は根強い。よいものを長く使う生活スタイルは、捨て難いのかもしれない。

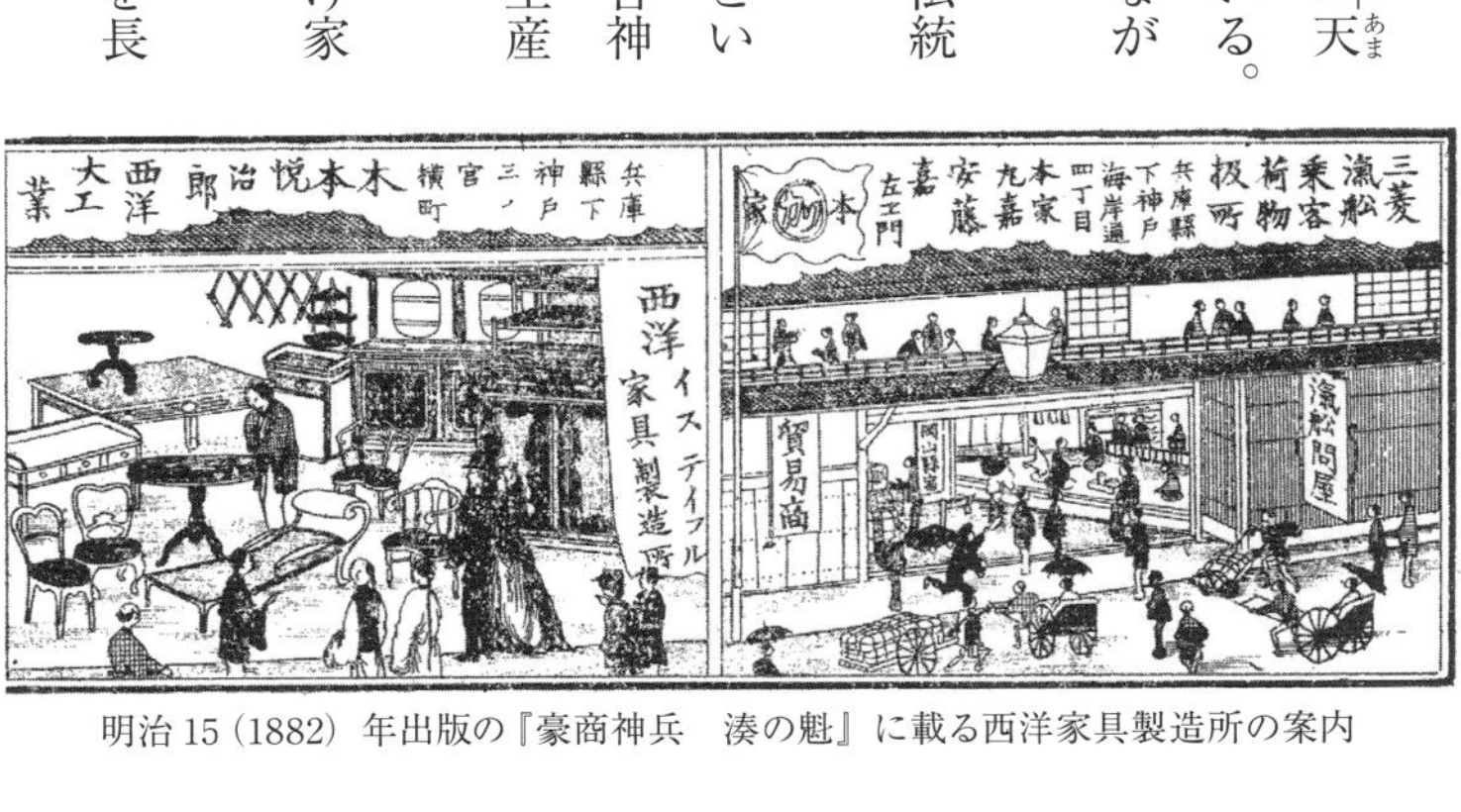

明治15（1882）年出版の『豪商神兵　湊の魁』に載る西洋家具製造所の案内

66

日本初の鉄道トンネルは、神戸市の石屋川トンネル？

日本の高速鉄道は、東京オリンピックの直前、昭和39（1964）年に開通した東海道新幹線の開通を皮切りに、各地に高速鉄道が敷設され、地域活性化に大きく貢献している。

いまや日本の高速鉄道技術は高く評価され、海外にも輸出されるまでに、飛躍的に発展した。明治初期に鉄道技術を学んだ鉄道発祥地のイギリスにまで、日本の高速鉄道が輸出されるまでになったのだから、いかに優秀であるかが認められたことにもなろう。

日本の鉄道の発展は、狭い国土をいかに有効利用するか、にかかっていた。それは日本の国土面積、約37万8000平方キロメートルのうち、山地が約61％、丘陵地が約12％、低地が約14％、台地が約11％を占めているのを見ても分かる。

当然ながら、鉄道にはトンネルや橋が必要になる。東海道新幹線の東京〜名古屋間（約340キロメートル）には、いくつものトンネルや橋があるが、たとえばフランスの新幹線（高速鉄道）、TGVはパリ〜リヨン間（約390キロメートル）には、トンネルも橋もない。筆者はパリまで乗車したが、牧草地などの平地をひたすら走る。高速で走る爽快感を満喫できた。

それでは、日本で最初の鉄道トンネルはどこか。山地が多い国土を考えると、当然ながら山や丘陵が多い地域、と考えられるが、意外にもそうではなく、河川の下にトンネルを掘ったのだ。その日本で最初の鉄道トンネルが、神戸市の石屋川トンネルだった。

新橋駅～横浜駅の開業から2年後の明治7（1874）年、大阪～神戸間に日本で2番目となる鉄道が開業した。その際、当時の車両は勾配に弱かったので、土砂がたまって周囲よりも高い場所を流れる天井川の下にトンネルを掘って、開通させることにしたのだ。

この地域には石屋川、住吉川、芦屋川という天井川があったが、最初に手がけられたのが石屋川だ。工事は、新橋駅～横浜駅間の工事にも携わったイギリス人技師、ジョン・ダイアック、ジョン・イングランドらが指導した。

最初に本流を仮の木橋で流れを変え、いったん土手を取り除いてから川底を掘り下げ、レンガを積み、トンネルを組み立てた後に再び川を埋め直す、という掘削工法が採用された。

当時の最高の技術と知恵を結集して、およそ9か月かけ長さ61メートル、幅4・3メートル、高さ4メートルの最初の鉄道トンネルが完成した。当時、川底トンネルは欧米でも珍しかったので、英国紙『イラストレイテッド・ロンドンニューズ』に詳細が報じられた。

その後、複々線化や高架化が進み、石屋川の上を通過するようになり、石屋川トンネルは姿を消した。

石屋川公園に『日本で最初の鉄道トンネル・旧石屋川隧道記念碑』の案内板が、かつての鉄道史の一面を切り取ったように、ひっそりと残されている。天井川とは意外だった。

石屋川トンネルを通る蒸気機関車

67

駅弁の幕の内弁当は、姫路市が発祥地？

このところデパートやスーパーマーケットなどで駅弁・空弁大会が開かれ、人気商品があっという間に売り切れるそうだ。

たとえば北海道森駅のいかめしや厚岸駅のかきめし、群馬県横川駅の峠の釜めし、西明石駅のひっぱりだこ飯、福井駅の越前かにめし、横浜駅のシウマイ弁当など、地元の食材をふんだんに使ったり、業者のアイデアや工夫が随所に表われていて興味深い。

この駅弁大会を最初に始めたのが、昭和28（1953）年、大阪高島屋だが、全国的に火を点けたのは、昭和41（1966）年、京王百貨店新宿店の第一回元祖有名駅弁全国うまいもの大会だ。

この駅弁にも知られない歴史がある。年配の方にはご記憶があると思うが、かつて長距離列車の乗客は、停車駅で肩から吊るした箱に載せた駅弁を売る駅弁売りから駅弁を買い、車中で口にしていた。

その旅情を掻き立てる売り声と、列車の発車を気にかけながら束の間に弁当を選び、金銭の受け渡しを急いだ姿を思い浮かべたご仁もおられるかもしれない。

昔の列車は、いまと違って窓の開け閉めができたので、窓を開けて駅弁売りに声をかけて受け取ったり、あるいは駅弁売りが近くにいなかったら、ホームに降りて買い求めたりしていた。いまは列車の窓は密閉されているし、駅弁売りもホームにはいない。駅構内やホームの売店で買い求める、という具合だ。

ところで駅弁と言うからには、生まれたのは当然、鉄道が開通した明治5（1872）年以降になるが、これにもいくつかの説がある。

（１）明治10（１８７７）年に大阪駅で乗客が車外で買い求めた弁当を持ち込み食べた。（２）同年に神戸駅で立ち売り弁当を売った。（３）明治16（１８８３）年に上野駅で弁当を売った。（４）同年に熊谷駅ですしとパンを売った。（５）明治18（１８８５）年に小山駅で海苔と油揚げ、玉子入りの翁すしを5銭で売った。（６）同年、宇都宮駅で梅入りゴマ塩握りめしにタクワンを竹皮に包んで5銭で売った、という説まであって、どれが本当かは不明だが、宇都宮駅の弁当が通説のようだ。

ただこの当時の駅弁は、握り飯が当たり前であった。それを初めて現在の幕の内弁当スタイルにしたのが、姫路市のまねき食品なのだ。

明治21（１８８８）年、姫路駅近くで茶店を営業していた竹田木八が、山陽鉄道の開通を聞き、駅構内での弁当販売を思い付いた。早速、弁当販売の許可を得ると、明治22（１８８４）に、それまでの駅弁とは異なる幕の内弁当を売り出した。

この元祖幕の内弁当の中身は、鯛塩焼き、伊達巻、焼かまぼこ、玉子焼き、大豆昆布佃煮、ゴボウ、フキ、百合根、タケノコ、ニンジン、ソラマメ、きんとん、奈良漬の十三種類のおかずを上折にして、下折には梅干し入りの白飯の二重折にしたもので、12銭で売り出した。

当時、米1升が6銭だったので、いまの貨幣に換算すれば１６００円ぐらいか。いまの駅弁とは大差ないかもしれないが、これがよく売れて、真似た幕の内駅弁が広まったようだ。

この幕の内弁当という語源だが、いろいろな説がある。よく知られているのが、芝居小屋に張られる幕の内側で、あるいは幕間《まくあい》に役者や裏方に配った弁当から名付けられた、それが客にも広がったとか、相撲茶屋で幕内力士の取り組み中に客に出されたとか、戦国時代に戦陣の陣幕内で武将に出された弁当だったからとか、さまざまにある。有力なのは芝居小屋説だ。

面白いのは、相撲茶屋で出されたという説だ。大相撲では、十両力士以上を幕の内力士と言うが、ちょうど、この取り組み中に昼食時間になるのか、弁当を口にしたのかもしれない。また三役力士の小結は、おむすびとも読めるので、相撲茶屋説が伝わったのかもしれない。

江戸時代の芝居小屋は、いまのように照明装置が発達していなかったので、早朝から始めて、あまり暗くならないうちに終わっていたようだ。その芝居の幕間や、芝居中にでも酒を飲んだり食事をしたりして、気軽な娯楽として楽しんでいたそうだ。いまは歌舞伎座で、芝居中の飲み食いは厳禁だ。

基本はひと口サイズにされた俵型の握り飯や、白飯に数種類の副食が付いたものだ。副食に欠かせないのが、玉子焼きと焼き魚、かまぼこが定番。

やがて列車での長距離旅行が盛んになると、駅弁業者の数も増え、さまざまに工夫をこらして独自色を訴えた。その中で目を引くのが、特殊な加熱処理を組み込んだ駅弁を開発した業者が現れた。それが神戸市の淡路屋。昭和62（1987）年に化学メーカーと組んで、生石灰と水の反応熱を利用して、温かい駅弁を売り出したのだ。弁当の下に発熱体を敷いて、紐を引いて蒸気を発生させ、弁当を温めるというもの。それが〝あっちっちスチーム弁当〟。それまでは冷たい食材を口にしていたのが、寒い冬でも温かい食材を口にできることからよろこばれた。

このアイデアを取り入れる業者が出てきた。たとえば牛たんで知られる仙台市では、仙台駅の炭火焼牛たん弁当に、また高級和牛肉で知られる米沢市では、米沢駅の黒毛和牛すき焼き牛肉重に、と利用された。

その一方で、新幹線が各地で開通。また駅弁をホームで売るのが危険になってきたり、特急列車の停車時間の短縮。しかも昔のように窓が自由に開閉できなくなったりして、駅弁売りがなくなり、売店での販売にと変化してきた。

それにつれて駅弁業者が廃業したり、資本力を生かして新規参入する業者も現れた。いまでは駅構内だけではなく、駅弁人気に目をつけたデパートやスーパーマーケット、コンビニエンスストア、高速道路のサービスエリア、道の駅などでも手がけるようになって多角化し、弁当の中身も多様化している。

こうした駅弁、空弁の多様化に食通の心は動かされ、旅行先だけではなく、駅構内やデパートなどで人気の駅弁を買い求め、自宅に持ち帰り、遠方の人気駅弁を楽しむ人も増えている。

買い求めた駅弁や空弁を口にして、旅先での思い出や、まだ見ぬ地を想像して食を楽しむのも、多様な食文化の一端かもしれない。

68

国内初の近代洋服は、神戸市から？

神戸港は箱館（函館）、長崎、横浜に遅れること9年後の慶応3（1868）年12月に開港した。開港と同時に、西洋文化が一気になだれ込み、日本人の生活スタイルが変わった。

神戸開港により、明治32（1899）年までの31年間、兵庫津から約3・5キロメートル東にあった神戸村（神戸市中央区）までの約25万8000平方メートルに外国人居留地が設けられ、2000人近い外国人が居留した。

この居留地の外国人から、食文化やスポーツ、西洋式教育などさまざまな西洋文化が、国内にもたらされた。いわゆる〝和魂洋才〟の風潮が広まり、西洋化が進む端緒になった。

その中に、国内初となる近代洋服もあった。近代洋服を神戸に持ち込んだのが、イギリス人のカペル。明治2（1869）年、神戸外国人居留地16番地に、イギリス仕込みのテーラーを開いた。居留地に暮らす外国人の需要に応えた。

カペルの一番弟子になったのが、弱冠16歳の柴田《しばた》音吉《おときち》。柴田の生家は、近江商人。兵庫の庄屋の養子になり神戸に暮らしていたが、10歳のころから裁縫を学んでいたので、近代洋服に興味を抱いたようだ。

カペルの下で腕を上げた柴田は、31歳で独立して、神戸市内の元町に『柴田音吉洋服店』を創業した。日本人初の洋服テーラーとなった柴田は、イギリス仕込みの型崩れのしない上質な〝ビスポークテーラー〟を目指した。時代は西洋化の速度を上げていた。明治4（1871）年には、洋服の着用を進める服制変革の内勅、翌年には大礼服通常礼服の制定を布告して、洋服着用を促したのだ。

顧客には、柴田の進取の気性を気に入った初代兵庫県知事の伊藤博文がいた。伊藤はイギリス留学を経験しているので、イギリス仕込みの洋服に関心を持ったようだ。そこで柴田は、英国産の厚地紡毛織物で、目が細かいビロードのような生地で、伊藤のフロックコートを仕立てた。また伊藤の口利きで、明治天皇の礼服をあつらえたという。

近代洋服の需要に対応して、柴田の後を追うように足袋職人、馬具屋からの転業者も増え、神戸の洋服は日本の近代洋服の草分けになった。柴田が創業した『柴田音吉洋服店』は現在、5代目になっているが、最後の一針まで、ひとりの職人が縫い仕上げるという〝ビスポークスタイル〟にこだわり、伝統を守っている。

神戸は、昭和48（１９７３）年、全国に先駆けて、「神戸ファッション都市宣言」を行い、神戸のファッションブランドを訴えた。

翌49（１９７４）年、神戸洋服商工組合が、神戸市庁舎に隣接する東遊園地に、洋服の前身頃《まえみごろ》（衣服の胴部分）と、袖の型紙を模した彫刻、衿の型紙の顕彰碑から成る『日本近代洋服発祥の地記念彫刻』を建立した。

既製服が当然のような時代だが、伝統的な〝ビスポークスタイル〟に、日本の近代洋服の原点を思い起こさせる。

顕彰碑「日本近代洋服発祥の地記念彫刻」

69

たつの市が、淡口醤油の発祥地？

和食の調味料に欠かせないのが醤油。日本から、世界１００か国以上に輸出されている。日本農林規格では、濃口《こいくち》醤油、淡口《うすくち》醤油、たまり醤油、再仕込み醤油、白醤油の5種類に分けている。

これらの醤油のうち約80％が濃口醤油で、淡口醤油は約15％を占めている。濃口醤油の主生産地は、ミネラル分の多い硬水を使う千葉県銚子市、野田市。一方、ミネラル分が少ない軟水を使う淡口醤油の主生産地は、兵庫県たつの市。

日本の醤油のルーツとなった醤《ひしお》の類《たぐい》は縄文時代からあったようで、本格的に醤がつくられたのは、中国や朝鮮半島から伝わった、ヤマト（大和）朝廷時代。醤油という言葉が文献に出てきたのが、１５３０年代の室町時代と伝わっている。

当時、文化の中心地だった関西地方から関東地方に醤油製造が伝わり、やがて全国に広まったのだ。その関西の中でも湯浅（和歌山県）、堺（大阪府）、たつのが主産地だった。

元々、たつの市では酒づくりが行われ、醤油は副次的なものだった。本格的に醤油の醸造が行われたのは、天正15（１５８７）年から。４００年以上の歴史だ。

たつの市は地域を流れる揖保川の伏流水が軟水であったので、酒づくりに適した硬度が不足していたため、次第に酒づくりが廃れた。ところが、鉄分が少ないたつの市の軟水は、醤油の醸造には最適。しかも播州平野で生産される原料の良質な大豆や小麦、米に加えて、赤穂の塩が容易に入手できたので、淡口醤油づくりが盛んになったのだ。

元々、たつのの醤油は濃口だったが、寛文6（1666）年、濃口醤油業の円尾孫右衛門が、ミネラル分の少ない揖保川の軟水を使い、工夫を重ね淡口醤油を製造したという。そのうえ、歴代の龍野藩主が積極的に生産を奨励した。揖保川を利用した船便で、近くの網干港から京都、大阪（坂）、神戸の大消費地に輸送され、その評価が全国的に広まった。

淡口醤油は濃口醤油にくらべると、見た目が薄く、塩分が少ないように思える。食材に醤油の色が付きにくく、白身の魚や新鮮な野菜など、素材の色や風味を引き立たせるので、関西では懐石料理や精進料理には重宝された。醤油は熟成期間が長く、温度が高くなるほど色が濃くなり、香りも強くなる傾向がある。昔から「香りの濃口」「旨味の淡口」と言われた。

うすくち龍野醤油資料館

ただ、淡口は、硬水を使う濃口より塩分が約2、3％多い。軟水を使うために、塩分を多めにし、発酵と熟成を緩やかにして、濃口よりも仕込み期間を約30％短くすることで、独特な淡い色合いと、香りが弱い、出し汁を活かした旨味が生み出されるからだ。

いま、醤油の生産量は家庭向けが約30％、業務用が約70％の比率。関西の家庭では、料理によって濃口、淡口の両方を使い分けしている方も多いのでは。

70

国産初のスパークリングミネラルウォーターは、川西市の平野水？

日本の水は、世界でも水質がよく安全、安心で飲用できる、と評判だが、一方で近年、豊富なマグネシウムやカルシウムを含んだミネラルウォーター（鉱泉水）も定着した。

ミネラルウォーターは、地下水や山間から採取された天然水を元にしている。そのミネラルウォーターに、天然の炭酸ガスが含まれたのが、スパークリングミネラルウォーター。

数少ないスパークリングミネラルウォーターが、明治初年ごろまで存続した川西市の『平野温泉郷』（旧川辺郡多田村平野）にあった。

明治政府は、全国で良質な水を求めようと、明治14（1881）年、イギリス人の化学・冶金学者のウイリアム・ゴーランドに依頼して、平野鉱泉の水を分析したところ、炭酸ガスを多く含んだ、理想的な鉱泉と認定されたのだ。そこで宮内省は、平野鉱泉を用いた炭酸水の御料工場を建設し、宮内省の御料品とした。当時は、一般人が口にできなかった。

その後、御料工場は三菱財閥に払い下げられ、権利を得た明治屋が明治17（1884）年、『三ツ矢平野水《ひらのすい》』として市販した。これが、国産初のスパークリングミネラルウォーターだ。

かつて川西市にあった三ツ矢サイダーの工場風景

〝三ツ矢〟の由来は、平安時代の清和源氏の嫡流、源満仲《みなもとのみつなか》が三ツ矢羽根の矢を放ち、落ちた摂津国多田村平野を拠点にしたことによるそうだ。満仲はこの地の鉱泉を崇め、住民も明治初年まで『平野温泉郷』を愛用した。明治時代には、横浜や神戸の外国人居留地で、炭酸水に果汁などを入れた、炭酸水がつくられた。

明治22（1889）年ごろに、イギリス人のジョン・クリフォード・ウイルキンソンが、有馬郡塩瀬町生瀬で天然の炭酸鉱泉を発見。武庫郡良元村小林（宝塚市紅葉谷）に工場を建設して、瓶詰した『仁王印ウォーター』を生産、販売した。

その後、宝塚工場は閉鎖されたが、アサヒ飲料が引き継ぎ、明石工場でウイルキンソンブランドを生産している。明治34（1901）年には、大阪の酒造家、鳥井駒吉が有馬に有馬鉱泉（株）を設立。炭酸ガス入りミネラルウォーターを生産、販売し、同41（1908）年、香料、糖分を加えた『有馬サイダー』を販売したが、後に他社に買収された。

続いて明治40（1907）年、帝国鉱泉が設立され、従来の平野水にカラメルやサイダーフレーバーを加えて『三ツ矢平野シャンペンサイダー』を生産、販売した。作家の宮沢賢治も、このサイダーを愛飲したそうだ。

有馬温泉、平野鉱泉、生瀬鉱泉。兵庫県と炭酸水の関りは深い。食品衛生法では、炭酸ガスを含む清涼飲料水の総称を炭酸飲料水と言い、清涼飲料水とは、乳酸菌飲料、乳及び乳製品を除く酒精1容量パーセント未満を含有する飲料水とされている。

境界がよく分かりにくいが、口中を「シュワッ！」と、爽やかな細かい泡が広がる爽快感に、喉を潤すことに変わりはない。

71

神戸市が、日本のマラソン発祥地？

オリンピックで花形競技種目の一つは、陸上競技の100メートル競走。世界のトップクラス選手は、9秒台後半がズラリ。そのため日本陸上競技界は、10秒の壁を破ることに全力を挙げてきた。

その願いが遂に叶い、平成29（2017）年に日本人初の9秒98を記録したのが桐生祥秀選手。一躍、これまで以上に陸上短距離界がにぎわった。

その一方で、日本の陸上競技界の課題は、マラソン競技で世界のトップクラスの選手に対抗できる、有力な選手の育成にある。

かつてマラソン競技は、日本人選手にとって〝お家芸〟とも言われた時代があった。

昭和39（1964）年の東京オリンピックでは、円谷幸吉選手が銅メダル、昭和43（1968）年のメキシコオリンピックでは、君原健二選手が銀メダル、平成4（1992）年のバルセロナオリンピックでは、有森裕子選手が銀メダル、森下広一選手も銀メダル、平成8（1996）年のアトランタオリンピックでは有森裕子選手が銅メダル。そして平成12（2000）年のシドニーオリンピックでは、遂に高橋尚子選手が念願の金メダルを手に。続く平成16（2004）年のアテネオリンピックでも、野口みずき選手が金メダルを獲得して、日本人選手が世界のマラソン競技界で注目された。しかし、それ以降は、男女とも精彩を欠いている。それが、マラソンファンとしては大いに気にかかるところであろう。

ところで、日本のマラソン競技発祥地が神戸市にあった、と聞くと「えっ？」と思う方は多いかもしれない。

明治42（１９０９）年に、神戸市の湊川から大阪の西成大橋までの31・7キロメートルまでを走ったマラソン大競争が初めて、と伝わっているのだ。この大会でマラソンという言葉が初めて使われた。

そのときの参加者は４０８人で、事前に体格検査が行われた結果、１２０人に絞られ、予選会が西宮市の旧鳴尾競馬場で行われ、最終的に20人が出場したのだ。ランニングシューズではなく、ワラジを履いて走った。

そのときの優勝者は、岡山県の在郷軍人であった金子長之助で、タイムは2時間10分54秒。優勝者には３００円の賞金と金時計、銀屏風などが贈られた。金子は家族の反対で、オリンピック参加を見送ったそうだ。

これを契機にマラソン熱が高まり、明治44（１９１１）年のオリンピック予選会では、金栗《かなくり》四三《しそう》が当時の世界新記録を出して、翌、明治45（１９１２）年、スウェーデンで開催されたストックホルムオリンピックに、日本人初のオリンピックマラソン選手となった。

しかし、残念ながらレース中、日射病で意識を失い、ゴールインできなかったのだ。

日本初のマラソン大会を記念して、平成23（２０１１）年、神戸市役所前に「日本マラソン発祥の地　神戸」の記念碑が設置された。

各地で市民マラソン大会が人気だ。市民ランナーは、苦しさの中に完走の充実感を味わっているのでは。大勢の声援も励まされる。

「日本マラソン発祥の地　神戸」の碑

日本初の河川トンネルは、神戸市の湊川隧道？

神戸市兵庫区の小高い丘、会下山《えげやま》（標高85メートル）。その下を大きな湊川隧道《ずいどう》（全長約600メートル）が貫いていることは、あまり知られていないのではないか。

旧湊川の流れは普段、穏やかだが、台風や大雨に遭うと大きな水害を引き起こすことから、たびたび河川の改修が議論されてきた。

しかし費用がかさむ大工事になるので、直前になると、引き延ばされてきたのだった。ところが明治29（1896）年の台風で堤防が100メートルも決壊し、死者38人、負傷者57人を出す大惨事となった。そこでようやく重い腰を上げ、明治30（1897）年、旧湊川の付け替え工事として、湊川隧道の建設に着手したのだ。

湊川隧道

当初は湊川を締め切り、新湊川を開削して会下山の南側に通す考えだったが、兵庫の住民らから「川床の高い川ができれば危険になる」との要望が強く出たので、会下山の下にトンネルを掘ることで合意を得た。

当時は、いまのような大型の重機はなかった。そこでトロッコやツルハシ、モッコ、鑿《のみ》などを使った人力に頼らざるを得ない、過酷なものになった。

当時の近代土木技術を駆使して大工事の末、明治34（1901）年に、ようやく日本初の河川トンネルとなる、全長約６００メートル、幅７・３メートル、高さ７・７メートルの隧道が完成した。

形状は馬蹄形で、側壁と天井のアーチはレンガづくり。水や土砂が川床を洗い流したり、削らないように、底部にはレンガを３、４段に組み、その上に花崗岩の切り石を並べている。デザインは、上流側が古典様式、下流側がゴシック様式と凝ったつくりになっている。

これに伴い旧河道《かどう》の一部は埋め立てられ、公園、市街地となった。そこは新開地になり、盛り場や劇場、映画館などができ、兵庫と神戸の中心街との中間地として、多くの人が行き交った。

東西の主要道路も整備され、交通が頻繁になり、戦前には〝東の浅草、西の新開地〟と言われるまでの繁華街に発展した。その後は、繁華街が東に移ったので、勢いを失った。

平成７（１９９５）年の兵庫県南部地震（阪神・淡路大震災）後からは、隧道の役割を平成12（２０００）年、北側に完成した新湊川トンネル（延長約６８３・2メートル）に譲ったので、新たな活用を期待されている。

現在の新湊川（全長約12キロメートル）は、六甲山系再度山に水源を発し、天王谷川と石井川が合流して会下山の下をくぐり、長田区の市街地を抜けて大阪湾に注いでいる。

約１００年間、地域の発展に貢献した湊川隧道に思いを寄せる地域住民や土木関係者らが中心になって、湊川隧道の保存を進めており、毎月第３土曜日の午後から数時間だけ、トンネルを開放している。

年間を通じて温度が11～12度に保たれる中でコンサートも開かれ、ひと味違った空間で音楽も楽しめる。トンネルファンには注目の場所。

73

カラオケは、神戸市が発祥地？

いまやカラオケは、国内ばかりか海外でも大人気だ。カラオケとは、楽器を演奏する際に事前に制作された伴奏を再生し、合奏や合唱をする行為をいう。カラは「空」、オケは「オーケストラ」から採ったそうだ。歌唱のときに、楽器を実際に演奏することを業界では「生オケ」と言い、それに対して生の伴奏ではなく、事前に録音した伴奏曲を使うことを「カラオケ」と呼んでいた。

日本のカラオケ市場規模は、最盛期にくらべると縮小したようだが、業界関係の調査では、約6100億円強。そのうち最大の市場は、いわゆる〝カラオケボックス〟で、約4000億円。次いでスナックやバーなど酒場の業務用カラオケ市場が、約1700億円強、レストランや式場などが約390億円などとなっている。

三井住友銀行のカラオケ動向調査（2017年）によると、市場の65％をカラオケボックスが占めていて、カラオケ機器を購入したり、リースしてサービスを提供し、日本音楽著作権協会（JASRAC）に著作権料を払っている。それに海外市場を加えると、その規模は想定もできないほどだ。国内のカラオケ業者の中には、海外展開を進めている。

さぞやカラオケを発明した特許所有者は、笑いが止まらないのでは、と勘繰ってしまうが、意外なことに発明者と思われる人物は、特許を申請していなかった、と言われているのだ。ご当人は苦笑いしているようだ。自称、カラオケ発明家と巷間伝わるその人物とは、大阪生まれのバンドマンだった井上大佑氏。

井上氏は、神戸市内の繁華街で、いわゆる〝流し〟として、バーやスナックで酔客を相手に唄の伴奏をしていたが、ある客から有馬温泉での伴奏を依頼された。当時の盛り場では、ギターやアコーデオン、ピアノによる生演奏で客が歌を唄っていた。

ところが都合で行くことができなかったので、演奏をテープに吹き込んで渡したのがきっかけになり、カラオケ装置の発明に取りかかったそうだ。

そして昭和46（1971）年に、カラオケ専用装置とサービスを開発し、神戸市内のバーやスナックなどに「8JUKE（エイトジューク）」としてリース販売したところ人気になったのだ。

井上氏の発明以前にも、根岸重一氏、浜崎厳氏、北治敏男氏、山下年春氏が昭和42（1967）年から同45（1970）年にかけて、8トラック式を使った同様な発明をしていたようだが、カラオケビジネスの端緒となったのは、どうやら井上氏になるようだ。

その業績が海外でも認められ、平成11（1999）年、アメリカの週刊誌「タイム」に、今世紀最も影響力のあったアジアの20人のひとりに選ばれた。また平成16（2004）年には、カラオケの考案に対して、イグ・ノーベル賞の平和賞を受賞した。

もしも特許を取得していたら、どれほど収入が、と思うのは、一般的な市民感覚かも。

敬老の日の発祥地は、多可町だった？

人生１００年時代を迎える、と言われている。医療技術や健康志向など、生活環境の発展が進む中で、日本は世界でも目立って少子高齢化が進んでいる。

厚生労働省によると、全国で１００歳以上の人口は、平成29（２０１７）年で、10年前の2倍増となる6万７８２４人。前年より２１３１人増。各地で高齢者を祝う「敬老の日」の行事や、各家庭でも祝う姿が見られる。

この「敬老の日」は、国民の祝日に関する法律で、昭和41（１９６６）年に、長年にわたり社会に尽くしてきた老人を敬愛し、長寿を祝い、老人福祉への関心を深める、という趣旨で9月15日を国民の祝日として制定されたもの。

多可町八千代コミュニティプラザ前にある「『敬老の日』提唱の地」碑

敬老の日の元になったのが、兵庫県の多可町八千代区で始まった「敬老会」なのだ。戦後間もない昭和22（１９４７）年、当時の多可郡野間谷村（現多可町）の門脇政夫村長が、9月15日に、老人を大切にし、年寄りの知恵を借りて村づくりをしよう、と呼びかけ開催したのが発端。この日に設定したのは、農閑期でもあり気候もよいことや、養老の滝の故事に倣ったそうだ。

門脇村長は、村の祝日にしようと村民に提唱する一方で、県市町村にもこの日を「としよりの日」に制定しては、と呼びかけた。結果、昭和25（１９５０）に兵庫県が「としよりの日」を制定し、翌年には中央社会福祉協議会（全国社会福祉協議会）もこの日を「としよりの日」と定めた。

その後は各地で賛同者が広がり、国民の祝日に制定されたのだが、〝としより〟の表現は好ましくない、との意見が多くなり、昭和38（１９６３）年に「老人の日」と改称され、昭和41（１９６６）年より9月15日が「敬老の日」として、国民の祝日に制定されたのだ。

ただ、平成13（２００１）年に祝日法が改正され、平成15（２００３）年から現在の9月の第3月曜日に変更され、9月15日～21日の1週間を「老人週間」と定めた。

この敬老の日制定のきっかけになった、という誇りを示すかのように、多可町には『敬老の日提唱の地』と刻まれた大きな石碑が建てられている。

多可町は、播磨地域の内陸部にある東西13キロメートル、南北27キロメートル、総面積約１８５平方キロメートル、人口2万人余の農村地帯。全国でも数少ない石垣のある棚田や、日本酒の酒米で有名な山田錦の発祥地でもあり、奈良時代から手すき和紙の杉原紙でも知られている。

ただ、この多可町にも高齢化の波は押し寄せている。総務省によると、高齢化率は２０２０年に36・6％（全国29・1％）、２０３０年に40・49％（同31・6％）、２０４０年に44・4％（同36・1％）と予測されている。

日本は２０６５年に、65歳以上の高齢者が全人口の38・49％と、2・6人にひとりという割合になる、と予測されている。

健康で高齢を迎えるお祝いと、老人福祉への理解、取り組みは、国の財政事情とも関係して単純ではない。高齢者には複雑な心境か。

75

神戸市で国産初のソースが、生まれた理由は？

ソースが日本に伝来したのは、江戸時代の中ごろ、オランダとの交易があった長崎の出島で、外国人の間に使われた、と言われている。

ソースは、ラテン語の『サルスス（ｓａｌｓｕｓ）』が語源。塩を使った複合調味料とされている。日本に伝わったソースは、〝ウスターソース〟。〝ウスターソース〟は、１８１０年ごろ、ロンドン郊外の田園都市、ウスターシャー地方で、主婦が偶然考案した。

主婦は、余ったリンゴと野菜に、胡椒《こしょう》や辛子《からし》などの香辛料と塩、酢を混ぜ壺に入れ、貯蔵し発酵させたところ、これまでにない美味な調味料となり、評判になったのだ。それに目を付けた、現地の企業家が製造したので、各地に広まった。

その後、イギリス人の貴族が香辛料の産地、インドからソースの製造方法を持ち帰り、薬剤師のジョン・リーとウイリアム・ペリンズに依頼してソースを製造した。その会社が、世界最古のソースメーカー、『リー＆ペリン社』。同社製のソースが、日本にも輸入されたのだ。

最初の国産ウスターソースが誕生したのは、明治18（１８８５）年。工業化学を学んでいた安井敬七郎《やすいけいしちろう》が、安井舎蜜工業所を神戸に創業し、業務用に製造した。後に阪神ソース（株）になった。

安井は東京でドイツ人のワグネル工学博士に師事していたが、神戸で食事を共にしていたとき、ワグネルから「おいしい神戸牛肉に合うソースがない」と聞かされたのがきっかけで、ソースの製造を思い付いた、と言われている。

以後、イギリスの『リー&ペリン社』から製法を学び、〝日ノ出ソース〟を生産した。

明治20（1887）年前後から、ヤマサ醤油などいくつかの醤油製造業者が国産化をめざしたが、香辛料が強く、酸味があるウスターソースは、醤油や味噌になじんだ日本人の味覚には、あまり受け入れられなかった。

ソースには最もさらっとしたウスターソース、ややとろみがある中濃ソース、粘度が高い濃厚ソースがある。関東地方以北では中濃ソースが好まれ、近畿地方以西ではウスターソース、濃厚ソースが好まれているそうだ。

この濃厚ソースが誕生したのも神戸。大正12（1923）年、道満《どうまん》清が創業したオリバーソース（株）が、昭和23（1948）年に発売した濃厚ブラウンウスターソース〝オリバーとんかつソース〟だ。

この初の濃厚ソースの誕生は、道満不二子夫人の「とろっとしたソースをつくれないか」のひと言《こと》が、きっかけだった、という。

濃厚ソースは、お好み焼き、たこ焼きなど関西の粉もの食文化にまたたく間に定着し、いまでは欠かせない存在になった。

当初は瓶詰していたので、粘度のある濃厚なソースが出にくく、不便だったが、昭和34（1959）年に、プラスティック（塩化ビニール製）容器に入れたところ、出にくさが改善されたのだ。目の付け所がよかった。

第8章

文化とスポーツに与えた影響

76

芦屋市の具体美術協会が、美術運動に一石を投じた？

先の大戦で抑圧されていた人々は、戦後、さまざまな分野で自己主張を始めた。荒廃した、精神面の充足を求めたのだ。

芸術の分野でも、精神の自由を声高らかに主張した。その中でも注目されたのが、芦屋市で生まれた『具体美術協会』だった。前衛的な抽象芸術の〝ＧＵＴＡＩ〟の名は、１９５０年代後半から、海外でも高く評価された。

創始者は、吉原製油（神戸市・Ｊ－オイルミルズ）の社長、吉原治良《よしはらじろう》。吉原は学生時代から絵画に親しみ渡仏。フランスで地歩を築いていた画家、藤田嗣治《ふじたつぐはる》に作品を観てもらったところ、独自性の無さを指摘されたのを機に、抽象画に転向した。

戦中は、周囲の目を気にして、前衛芸術を避け、写生に時間を割いた。戦後は会社経営の傍ら、鬱積していた気持ちを一気に晴らすかのように、不定形の抽象画を描く一方で、居住していた芦屋市で、若手の美術家を集めて画塾を開いた。

そして昭和29（１９５４）年、阪神間に在住していた、嶋本昭三《しまもとしょうぞう》、正延正俊《まさのぶまさとし》、山崎つる子、上前智祐《うえまえちゆう》ら若手の美術家と15人で、『具体美術協会』を発足させた。

当時は、戦後の復興から高度経済成長への序章。彼らは、発足に際して『芸術新潮』誌上で「具体美術宣言」をした。「われわれは、われわれの精神が自由であるという証を具体的に提示したい」という思いから、〝具体〟の名を掲げた、という。

それに呼応して、嶋本昭三は、瓶詰した絵の具を画面上で炸裂させたり、ヘリコプターからペイントを落とす、というパフォーマンスで驚かせた。

天井からロープを吊るして、激しいアクションで素足や全身を駆使してキャンバスに描く白髭一雄《しらひげかずお》。ビニールに色水を入れて木から吊るしたり、日本画の〝たらしこみ技法〟にならい、自然な絵の具の流れを、意図的にバランスを取るように描いた元永定正《もとながさだまさ》ら、個性豊かな美術家が数多く参加し、芦屋公園の松林の中での野外展覧会、劇場の舞台などで作品を発表し、マスコミの話題を呼んだ。

こうした前例のない美術活動は、美術界に大きな衝撃を与えた。当時、フランスを中心としたヨーロッパでも、アンフォルメルと言われた、激しい抽象画が注目されていたので、『具体美術協会』の行動は、まさにそれに合致したようだ。

『具体美術協会』から、後に大きく羽ばたいた美術家も多かった。元永定正もそのひとり。かつての激しい色づかいと筆致からは想像できない、優しい色づかいで、メルヘンチックな絵画へと変化した。それが後半生には、絵本作家としても揺るぎない地歩を固めた。

筆者は元永定正の生前、故郷、伊賀市（三重県）のアトリエを訪れ、その温和な笑顔に包まれ、絵画人生を聞いた。吉原治良は「人の真似をするな」が、口癖だった。その活動は、18年間続いて解散した。戦後の復興には、あらゆる面でチャレンジ精神が働いていたのだ。

77

芭蕉と並び称された、西の鬼貫って誰？

「東の芭蕉《ばしょう》、西の鬼貫《おにつら》」と謳《うた》われた江戸時代の俳諧師ふたり。芭蕉の名は、国内外でよく知られるが、摂津國川辺郡伊丹郷生まれの鬼貫こと上島与惣兵衛《うえしまよそべえ》の名は、知る人ぞ知るか。

「月日は百代《はくたい》の過客《かかく》にして、行きかふ年も又旅人也」の序文で知られる紀行文『おくのほそ道』を残した、俳諧師、松尾芭蕉《まつおばしょう》。2歳年上の井原西鶴《いはらさいかく》、9歳年下の近松門左衛門《ちかまつもんざえもん》と並ぶ江戸時代、元禄の三文豪と称されている。いまでは〝俳聖〟と言われ、世界各国でも高く評価されている。

芭蕉の本名は、松尾宗房。三重県伊賀市で土豪一族の松尾与左衛門と、伊賀忍者の上忍、百地丹波守三太夫家の母、梅との間に6人兄妹の二男として生まれた。生誕地は伊賀市上野赤坂町と柘植《つげ》とする二説がある。筆者は松尾家の累代の墓がある柘植を訪れたが、案内してくれた関係者の話では、柘植が生誕地であると語っていた。

芭蕉は伊賀上野城を治めた藤堂家の一族、藤堂良忠の料理人として仕え、俳諧に通じていた良忠の指導を受けて俳諧に勤しんだが、良忠が死去すると、仕官を捨てて江戸に移り住み、俳諧の道に入った。

当初は日本橋で、桃青《とうせい》と号していたが、やがて深川に移り住み草庵を営み、弟子たちも増えた。庭に植えた芭蕉から芭蕉《ばせを》と号するようになり、俳諧での地位を築いたのだ。

では鬼貫こと上島与惣兵衛とは、どんな人物だったのか。万治4（1661）年、地元でも名の知られた酒造業（屋号・油屋）、上島宗次の三男として生まれた。

幼少から俳諧に馴染み、松江重頼《まつえしげより》、西山宗因《にしやまそういん》の門を叩き、その後に医学を志して大坂に出た。しかし、先祖が奥州平泉の藤原氏とされたので、武士にこだわり、大和の郡山藩、越前の大野藩に出仕し勘定職、京都留守居役などを勤めている。

その間、芭蕉門下の広瀬《ひろせ》惟然《いぜん》、八十村《やそむら》路通《ろつう》らとも親交を深めているので、芭蕉とも親交があったようだ。平安時代の歌人、紀貫之に因む〝貫〟と、遊戯的な俳諧を謙遜して〝鬼〟と比喩し、鬼貫と号した、と伝わる。

鬼貫もまた芭蕉より12年も前の元禄３（１６９０）年に、京都伏見から江戸日本橋までを旅した紀行文『禁足旅記』を発刊している。『おくのほそ道』は旅をしながら俳句を詠んでいるが、『禁足旅記』は旅を終えた後に、俳句を交えて書かれた。芭蕉に少なからず影響を与えた、とも言われている。

享保３（１７１８）年には『獨言《ひとりごと》』を刊行。それが評価され「東の芭蕉、西の鬼貫」と謳われたのだ。芭蕉は武士から俳諧師になり、鬼貫は商人（俳諧師）から武士に固執した。

当時の酒造業者には、豊かな経済力を持つ者が多かったので、旦那衆の文芸趣味も育った。伊丹にも松江重頼の高弟、池田《いけだ》宗旦《そうたん》が也雲軒という俳諧塾を開いたり、西山宗因がしばらく逗留したりして、伊丹の文芸風土が根付いた。

宗因門下には、俳諧から小説の道に転じた、浮世絵作家の井原西鶴がいた。西鶴が著した『西鶴織留《さいかくおりどめ》』には、伊丹で酒を楽しみながら俳諧などの文芸に興じた、文人墨客らの様子が描かれている。文芸と酒は付き物か。

78

源氏物語の舞台設定が、神戸市と明石市にある？

平安時代中期、紫式部《むらさきしきぶ》が著した日本の長編物語『源氏物語』は、翻訳されて世界中で愛読されている。日本の文学史上最高の傑作とも言われている。その中では、神戸と明石も舞台設定になっている。

物語は天皇の親王として誕生した容姿、才能ともに恵まれた主人公が臣籍降下して源氏姓となり、光源氏《ひかるげんじ》と名乗って、栄華と苦悩の人生を孫子の代まで送る、というものだ。

一帖の桐壺《きりつぼ》、二帖の帚木《ははきぎ》に続き五十四帖の夢浮橋《ゆめのうきはし》までには、およそ500人近い人物が登場し、長い年月にわたる王朝貴族たちの人間模様を描いていて、しばし読者を平安時代へと誘い、ときを忘れさせる。

その中でも、読者の心をとらえる場面は、光源氏が政敵の右大臣、弘徽殿女御《こきでんのにょご》の妹、朧月夜《おぼろづきよ》と関係したことから、追放を予知して京の都を離れ、最愛の妻、紫の上を都に残し、須磨に逃れて詫び住まいに暮らす十二帖の「須磨」と十三帖の「明石」ではなかろうか。

あくまでも小説なので、もちろん現実の場所にはない。ただそれを想像させる場所が、須磨と明石にいくつかある。たとえば須磨の現光寺《げんこうじ》（源光寺・源氏寺）。源氏物語には「かの須磨は、昔こそ人の住かなどもありけれ、今は、いと里離れ心すごくて、海人の家だにまれに」とあるように、寂れていた地であった。この現光寺は光源氏が暮らした住居と見られている。

現光寺のほかにも福祥寺《ふくしょうじ》（須磨寺）には、光源氏が植えた若木の桜跡が残っている、とされている。また関守《せきもり》稲荷神社は、光源氏が巳《み》の日祓《ひはら》いをした所、と見なされている。

須磨での暮らしは、無聊をかこっていたので歌を詠んだりしたが、秋風が吹いて波の音が耳に騒がしく入ると、慰めていたのは月見であった。

それに加えて未曾有の暴雨風が襲い、須磨を不吉の地とも思う光源氏の夢枕に、亡き父の桐壺帝が立ち、転居を勧めたところに、これもまたお告げによってやって来た明石入道の誘いに乗って、明石に向かうのだ。

十三帖の「明石」では、光源氏が27~28歳の年代を明石で過ごした様子を描いている。この明石で光源氏は明石入道の娘、明石の君と出会い、やがてふたりは結ばれ、明石の君は明石の姫君を出産する。

そのうち政敵が力を失い、眼病を患い苦しむ朱雀帝《すざくてい》は、光源氏を京へ呼び戻す宣旨を下したので、ようやく京に戻ることになったが、明石への強い思いは、紙面にも表れている。

明石の巻に、強い関心を寄せた江戸時代の第5代明石藩主、松平忠国《ただくに》は、源氏物語に因んだ場所をいくつか選定した。そのうちの善楽寺《ぜんらくじ》（大観町）は、明石入道の浜辺の館。ここには明石入道の石碑や明石の浦の浜の松がある。また無量光寺《むりょうこうじ》（大観町）には源氏稲荷や、光源氏が、明石の君が住む岡辺の館に、妻問うときに通った、とされる蔦の細道がある。光源氏が、明石の月を歌に詠んだとされる朝顔光明寺《あさがおこうみょうじ》（鍛冶屋町）には、月見の池がある。

いずれも源氏物語の一節を想起させる場所だが、ゆかりの地を訪れる人は多い。

善楽寺（著者撮影）

79

日本の新聞王は、播磨町生まれ?

世界的にインターネット社会が進み、ネットワークを構築するＳＮＳ（ソーシャル・ネットワーキング・サービス）の充実などを通じて、いまや時間差がなく、世界の情報が簡単に入手できる社会になった。

かつて主流となっていた、新聞などの〝紙媒体〟の影が、薄くなりつつあるのは気のせいか。

いまのような日刊新聞の原型が日本に初めて発刊されたのは、世情が騒然としていた幕末の元治元（１８６４）年。その新聞は、ジョセフ・ヒコが発刊した『新聞誌』（翌年に海外新聞と改題）だったことを知る人は、少ない。

播磨町中央公民館にあるジョセフ・ヒコの胸像（著者撮影）

ヒコは実業家であった岸田吟香《きしだぎんこう》らの協力を得て、それまでほとんど知られていなかった海外の情報を市民に知らせようと、英字新聞を日本語に翻訳し、木版刷りの日刊紙を26号まで発行したのだ。

編集方針は、子どもにも分かるように平易なものとした。広告も掲載された。これがその後の新聞のスタイルになったことから、ヒコが日本の新聞王と言われているのだ。

そのジョセフ・ヒコは、天保８（１８３７）年、播磨国加古郡古宮村（現在の播磨町古宮）で生まれ、幼名を彦太郎、成人した後は、故郷の浜田を採り、浜田彦蔵《はまだひこぞう》と名乗った日本人だった。なぜジョセフ・ヒコと名乗ったのかだが、そこには彼の数奇な運命があった。

彦太郎が生まれて間もなく父親が亡くなると、母親の再婚で隣村の本庄村浜田（播磨町本荘）に移った。13歳のときに母親が亡くなると、船乗りとなり『栄力丸』に乗って江戸に行ったが、その帰途、遠州灘で嵐に遭い遭難。彦太郎ら17人は、52日間も漂流していたときにアメリカの船『オークランド号』に救助され、嘉永4（1851）年、サンフランシスコに着いた。そのとき日本人で初めて写真撮影され、新聞で報道されると大きな話題になった。

そのころアメリカ政府は、日本との交渉に力を入れていたので、漂流していた彦太郎らを交渉の取引材料にしようとしたのか、香港に移送して東インド艦隊のペリー長官の船に乗せ、日本に送還するようにした。

しかしペリーの船は、なかなか来なかった。そのとき、偶々《たまたま》知り合った日本人の漂流民、力松の体験談を聞き、日本への帰国を断念して、仲間の亀蔵、次作と一緒に再びアメリカに戻った。

サンフランシスコに戻った彦太郎は、亀蔵、次作と別れて、税関長であり企業家でもあったサンダースに引き取られた。彦太郎は、サンダースの援助を受け、カトリックの学校に入学。英語や聖書、数学などを学び、アメリカの先進文化に触れて、大きく感化された。

嘉永7（1854）年には、洗礼を受けてジョセフ・ヒコと改めた。また日本に帰国する際には、アメリカ国籍を所有したほうが有益だ、とサンダースに勧められ、安政5（1858）年に、日本人としては初めてとなるアメリカの市民権を取得した。

この時期、日本国内は、鎖国維持か開国かの激しい議論が沸騰していた。安政5年から同6（1859）年にかけては、幕府の井伊直弼《いいなおすけ》大老が大改革を断行した。これに反対する者らを弾圧。いわゆる〝安政の大獄〟だ。

こうした時期に帰国するとなれば、身辺の危機を感じたのは当然。ヒコは安政6年、長崎経由で神奈川に入り、アメリカ領事館で通訳の仕事に就いた。実に9年ぶりの帰国で、21歳になっていた。しかし翌年には、通訳を辞して貿易業を始めた。

ただ世情は混乱していた。身の危険に変わりはない。文久元（1861）年、再びアメリカに戻った。アメリカに戻ると、ヒコは翌年、第16代大統領のエイブラハム・リンカーンと会見している。日本の実情を語ったのか。これまでにもヒコは、嘉永6（1853）年に第14代大統領のフランクリン・ピアース、安政4（1857）年には第15代大統領のジェームズ・ブキャナンとも会見しているのだ。

当時、日本人が歴代3代にわたってアメリカの大統領と会見した、という事実だけでも、いかにヒコがアメリカにとって重視されていたかを窺いしれよう。

アメリカに戻ったヒコは翌年の文久2（1862）年に再度、日本に帰国して再びアメリカ領事館で通訳の仕事に就いたが、わずか1年で辞め、商社を設立して外国の最新情報を伝えようと、元治元年に日本で初めての日刊新聞を発行した、というのが経緯だ。

新聞は経営がうまく行かず廃刊になるが、ヒコはその後、長崎で事業を始めたり、大阪造幣局の開設に尽力するなど、アメリカでの知識を生かして実績を遺した。

その間、明治3（1870）年には郷里に立ち寄り、両親の墓を建て、同30（1897）年に60歳で亡くなった。ヒコは日本籍に戻りたかったが、当時、国籍法が制定されておらず、アメリカ国籍だったので、東京都の青山外国人墓地に埋葬された。国籍法が制定されたのは、その2年後の明治32（1899）年のこと。

ヒコの前にも似たような例があった。10年前の文政10（1827）年、土佐国幡多郡中浜村（現在の土佐清水市中浜）の半農半漁の家に生まれたジョン・万次郎（中浜万次郎）が14歳のとき、同じように漁船で漁に出て、足摺岬沖合で遭難。漂流して伊豆諸島の鳥島に漂着した後、島に立ち寄ったアメリカの捕鯨船『ジョン・ハウランド号』に救助されたが、当時は鎖国状態だったので、アメリカに同行せざるを得なかった。

その後は捕鯨船の船長の養子になり、アメリカの学校で勉学に励んだ。やがて望郷の念から琉球に渡った後、薩摩藩で家臣らに洋式技術を指導。

そして10年ぶりに故郷の土佐に帰郷。土佐藩の士分に取り立てられ、藩士に西洋事情を教えた。さらに幕府の直参旗本に取り立てられ、生まれ故郷の中浜の姓を名乗り、明治31（1898）年、71歳で生涯を閉じた。

万次郎のほうがヒコより10歳年長だが、同じように海で遭難し、共にアメリカに渡り、日米の橋渡しを果たしたふたり。幕末から明治に移る激動期。奇しくも同時代の空気を体験した。その生き方は異なるものの、ふたりの功績は少なくない。

ヒコの生地の小学校の校庭には、片隅に顕彰碑が建っている。校庭で遊ぶ子どもらの声に、自らの運命を重ねているとも思えた。

民俗学の草分け、柳田國男の原点は小さな生家だった?

民俗学という学問分野は、自国の風俗や習慣、伝説、民話、生活用具、家屋などの民俗資料を参考にして、人間の営みの歴史を探り、現在の生活文化を明らかにするもの、とされている。欧米でも学問として確立されている。

日本民俗学に大きな業績を残したのが、明治8(1875)年、神崎郡福崎町で生まれた柳田(旧姓松岡)國男《くにお》だ。農商務省官僚となり、農政指導でたびたび訪れた岩手県遠野《とおの》地方の伝承や逸話などを聞き書きした『遠野物語』は、日本民俗学の大きな足跡となった、彼の代表作だ。

その序文で「(前略)国内の山村にして遠野より更に物深きところには又無数の山神山人の伝説あるべし。願はくは之を語りて平地人を戦慄せしめよ(後略)」と、自己を鼓舞するように、また都会の人々に民俗学を伝える意気込みを記している。

明治になり西洋文化を採り入れ、近代国家づくりを急いでいたが、地方ではそうした風潮とは縁遠い古い風習や伝承、儀式、芸能などが依然として残っていた。そこで柳田は、各地に暮らす人たちの、そうした生活を分析することで、民衆の時代への対応や、現実の生活文化を相対的に考えようとした、とも言われる。

そのため広範囲にわたる民間伝承などの資料を現地調査し、最大限に収集して、各地との比較、文化の伝播、人々の生活の変遷を丹念に整理しながら探ろうとした。

柳田が民俗学に第一歩を記したのが、宮崎県椎葉村で狩猟の話を聞き書きし、自費出版した『後狩詞記《のちのかりことばのき》』だ。

その後は、柳田を中心にした民間伝承の会の設立や、機関誌の発刊、講習会の開催などを通じて民俗学の確立に労力を注いだ。

「民俗学は広義の日本史だ」と、提唱した柳田。その原点は、晩年、本人が「日本一小さな家だ」と、語った生家にあった。

柳田は姫路藩学校の学者、医者であった松岡操、たけの男ばかり8人兄弟（うち3人は早逝）の六男として生まれた。その生家は、福崎町にある柳田國男・松岡家記念館の近くに移設されている。四畳半が二つと三畳が二つという、当時としては平均的な間取りだが、そこに一時は両親、長男夫婦、兄弟3人の計7人が暮らした。父親は病弱で、しかも世事に疎く、生活は貧窮し、窮屈な暮らしから長男の嫁は、早々に実家に帰ったそうだ。

柳田國男の生家

柳田は幼な心に、そうした狭い家で貧困の暮らしをする人々に、生活の営みを重ねたのかもしれない。

柳田がまとめた『故郷七十年』では「じつは、この家の小ささ、という運命から、私の民俗学への志も源を発したといってよいのである」と、記している。幼少の思念が、独自の学問分野を確立したことは、後学にもなるのでは。幼心を大切にしたいものだ。

余談だが、三島由紀夫こと平岡公威《きみたけ》の本籍地は加古川市志方町。両家は郷里が近いことから、交流を深めていた。

野球ばかりではない、甲子園は競技の代名詞？

西宮市の阪神甲子園球場で行われる春（選抜高等学校野球大会）と、夏（全国高等学校野球選手権大会）の全国高校野球。そして阪神甲子園球場を本拠地とする阪神タイガースと、他のプロ野球球団との熱戦。

阪神甲子園球場は、その誕生から野球と深く関わってきたが、近年は他の競技でも熱戦を繰り広げるイメージからスポーツ系でも文系でも〝甲子園〟という冠を生かしている。

スポーツ系では、よく知られるのが、全日本大学アメリカンフットボール選手権大会。通称〝甲子園ボウル〟と呼ばれるものだ。戦後、進駐軍の接収から日本に戻った甲子園球場を使用して、アメリカンフットボールの東西大学王座決定戦を行ったのが始まりだ。その後、関東と関西のアメリカンフットボール連盟が、それぞれのリーグの優勝校による事実上の大学日本一を決めることになった。

毎年、８月に沖縄県名護市で１８０チーム前後が参加して熱戦を繰り広げる〝ハーリー甲子園〟。沖縄伝統の手漕ぎの船を使い、港内のコースでスピードを競う。

平成30（２０１８）年夏、千葉県の釣ケ埼海岸で始まったのが、〝波乗り甲子園〟と銘打った高校生によるサーフィン全国大会。

一方、文系。国立研究開発法人・科学技術振興機構は、科学好きの裾野を広げ、レベルアップしようと、平成24（２０１２）年から毎年、全国の高校生を対象に、西宮市やつくば市（茨城県）で〝科学の甲子園〟を開催している。

都道府県代表の科学好きな高校生が、チームを組み、理科、数学、情報における複数分野で、科学の課題に挑戦し、優勝チーム（８人）は、全米の科学好きな高校生が集う『サイエンス・オリンピアード・ナショナル・トーナメント』に参加し、交流している。

愛媛県で行われている高校生を対象にした〝書道パフォーマンス甲子園〟（全国高校書道パフォーマンス選手権大会）では、高校生の書道部員12人がチームを組み、４×６メートルの大きな紙に、音楽に合わせてダンスをしながら書を書き日本一を決めるというもの。

人気漫画家を多数輩出している高知県では、高校生を対象に全国規模の〝まんが甲子園〟（全国高等学校漫画選手権大会）を開催している。学校単位でテーマに基づき、一定時間以内に作品を描く。世界各国からも参加している。

「畳の上の格闘技」とも言われる〝競技かるた〟。小倉百人一首の札１００枚のうち50枚を使い、詠まれた和歌の上の句を聞いて、下の句の札を取り合う競技。全国予選を勝ち抜いた高校代表が、毎年7月に、近江神宮（滋賀県）で優勝校を決める。

昭和54（１９７９）年から、この〝競技かるた〟の全国大会が、〝かるた甲子園〟（全国高等学校選手権大会）と呼ばれている。

このほかにも〝将棋の甲子園〟〝商い甲子園〟〝映画甲子園〟〝宇宙甲子園〟など、甲子園の名を付けた競技会が多い。阪神甲子園球場が、高校生にとって熱戦の舞台として定着し、憧れの場所になっているからか。

82

日本のボルダリング聖地が、西宮市・北山公園にある？

フリークライミングあるいはスポーツクライミングと呼ばれる、新しいスポーツが若者に人気だ。２０２０年開催の東京オリンピックでも、追加種目になった。

フリークライミングとは、安全を確保する用具のみを使い、技術と体力を駆使して岩を登るもので、それをスポーツ化したのがスポーツクライミング。

このスポーツクライミングは、１９４０年代に、旧ソ連の岩場でスピードを競う種目として始まり、昭和60（１９８５）年ごろから、次第にアメリカやヨーロッパにも広がった。

これにはボルダリング、リード、スピードという3種目がある。元々は、自然の岩場で登攀《とうはん》していたが、近年は室内の競技施設で楽しんでいる。

ボルダリング種目は、ホールドという突起物を人工の壁に取り付け、ロープやハーネスを使わず、手足を使って、高さ5メートル以下の壁に設定されたルートを、時間内にいくつ登れるかを競うもの。

リード種目は、ロープを使いながら高さ12メートル以上の壁をどこまで登れるのかを競う。そしてスピード種目は、高さ10メートルまたは15メートルのコースから垂れているロープを使って、いかに早く登るかを競う。

この中で日本人は、ボルダリング種目で世界トップクラスの実力を誇っている。欧米人にくらべて、体格が小さくリーチが短い、体重が軽い、という身体が有利になっている。

過去、3年間（２０１４、２０１５、２０１６年）世界ランキング1位と、日本人選手が世界をリードしている。

日本でフリークライミングが盛んに行われたのは、昭和31（1956）年の日本山岳会隊のマナスル登頂から。各地で岩壁登攀が行われ、ゲレンデが開発された。

その中でも、1980年代初頭に木下誠氏、末政正行氏らが関西で最初に始めた、西宮市の郊外、甲山に隣接する北山公園は、花崗岩塊が多数点在していて、ボルダリングの聖地とも言われている。巨石群がある北山公園のコースには、〝絶叫岩〟〝テーブルロック〟〝時をかける少女〟〝火の用心岩〟〝ボルダータワー〟などと名付けられた約120か所の難所があり、競技者を楽しませたり、悩ませたりしている。

北山公園のほかにも、六甲山、神戸市の摩耶山、長峰山も格好の場所になっているとか。それに加えて忘れることができないのが、芦屋市の北西にある岩場の〝芦屋ロックガーデン〟。

この〝芦屋ロックガーデン〟こそ、日本のロッククライミング発祥の地なのだ。大正13（1924）年、ヨーロッパから帰国した藤木九三が、現地で目にしたロッククライミングを広めようと、『ロッククライミングクラブ』を設立し、普及させたのだ。いまも〝高座の滝〟の側に、ロッククライミング発祥の地と書かれた文字と、藤木九三のレリーフがあり、岩場を登攀する伝統が受け継がれている。兵庫県には、恵まれた自然環境が、近郊にあることを再認識させられる。

地形を生かして、空のニュースポーツで町おこし？

スポーツの多様化で、新しいカテゴリーのスポーツが、若者を中心に浸透している。

優雅に空中を飛ぶ熱気球や、エンジンのないハンググライダー、パラグライダーで、気流に乗って飛ぶスポーツも、静かに浸透している。

当然ながら熱気球やハンググライダー、パラグライダーを楽しめる場所は、街の中にはない。広いスペースと、高い山や気流が求められるので、豊かな自然環境が欠かせない。そうした最適な場所が、兵庫県内に多いのだ。

空のスポーツを町おこしに、と取り組んでいるのが加西市、丹波市、豊岡市。

加西市の場合は、熱気球。11月から5月の〝気球シーズン〟になると、全国から多くの熱気球愛好家が集まり、色彩豊かな熱気球が市内の空を舞う。加西市は、平成28（２０１６）年、全国でも初めてとなる『気球の飛ぶまち加西条例』を制定し、熱気球で町おこしを行っている。

熱気球大会を開催している地域は、北海道から東北、中部、北陸、近畿、九州地域で何か所もあるが、加西市が熱気球に適しているのは、風が穏やかで安定した天候に加えて、山や田園地帯がもたらす、変化に富んだ風に恵まれていることにもある。

加西市鶉野飛行場跡に集った熱気球
（加西市提供）

そうした環境もあって、次第に愛好家が増えたので、地元では知名度アップを歓迎する一方で、安全性を懸念する声も大きくなってきたため、市条例を制定したのだ。

また熱気球会場には、先の太平洋戦争で建設された旧姫路海軍航空隊の鶉野《うずらの》飛行場跡地を使用している。この飛行場では、海軍最強の戦闘機『紫電改』の組立てやテスト飛行が行われた、ということで、飛行条件に適しているようだ。いまは係留された熱気球や、優雅に飛行する熱気球でにぎわっている。

熱気球の離発着には、地元住民の理解が不可欠だ。またこの地には、シベリアからの白鳥が飛来するので、飛来する地域を飛行制限区域にしたり、白鳥を驚かさないように、音の静かなサイレントバーナーの使用を求めている。加西市では〝気球と白鳥の共存〟も強調している。

丹波市には、ハンググライダー（アルミパイプの骨組みと布の翼でできた動力のないグライダー）、パラグライダー（骨組みがなく、キャノピーと呼ばれる、楕円形の布でできた翼と体をハーネスでつないでいる。動力はない）の適地がいくつかある。

関西でも高高度のフライトが楽しめるという青垣町の岩屋山《いわやさん》（基地の標高６３０メートル）、市島町、市原などに愛好家が集まり、家族連れも楽しんでいる。

スキー場にもなる豊岡市日高町の神鍋高原では、標高４６０メートルからのパラグライダーや、係留型の熱気球を売り物にしており、スキーシーズンとオフシーズンを有効活用しようと、意気込んでいる。

体験型の空のニュースポーツ。町おこしの起爆剤に飛行させたいと、人気を追い風に、地元の期待が膨らむ。

84

兵庫県は、人気のスケートボード先進地？

２０２０年開催の『東京オリンピック』で、正式種目になったスケートボード。10代の若者に、大人気のニュースポーツだ。テレビ放映で競技を見ると、ハラハラドキドキの連続で、思わず引き込まれてしまう。

不可能と思われることを、日ごろの厳しいトレーニングと、新しい技への追求で自己表現し、ライバルに差を付け、勝利の喜びに浸ろうとするスポーツの原点を感じる。未知の冒険に果敢に挑む、柔軟な身体能力を持つ10代が主役になるのも頷ける。

三木スケートボードパーク（著者撮影）

その始まりには、諸説ある。一つは１９４０年代のアメリカ西海岸で、木の板に鉄製の車輪を付けて滑って遊び、やがてゴム製の車輪に代わった、というもの。二つ目は１９６０年代にアメリカのサーファーが、陸上での練習のために、スケートボードを始めた、というもの。

いずれにしてもその背景には、若者のファッション感覚や自己表現といった側面が大きかった、という見方もある。若者の間に浸透すると、競技人口も増え、世界的な競技大会も増えて、遂にはオリンピックの正式競技種目にもなったのだ。

競技種目には、パークとストリートがある。パークとは、大きなお椀型や深皿型の複雑な湾曲したコースの中にある手すり、縁石などを模したセクション（構造物）を置き、それらをさまざまなテクニックを使ってスピード、完成度などを競う。
ストリートとは、直線的なコースで、街中にある縁石や坂道、ベンチ、手すりなどのセクションをテクニック、難易度、オリジナリティ、全体の流れなどを競う。

ただスケートボードは、街中での練習は禁止されている。公共の練習場は、全国で１００か所ぐらいと少ないのが悩みの種。そのうち兵庫県は、６か所と上位を占めている。私設も含めると25か所もあり、全国的にも先進地域だ。

中でも国内最大規模のセクション数を誇る、ｇスケートパーク（神戸市）、みなとのもり公園（神戸市）、全国で唯一のフルパイプを持つ、公共の三木スケートボードパーク（三木市）などは人気の練習場で、上級者から初心者まで技を磨いている。

しかし、関係者は潜在的な利用者が１２０万人近くもいるのに、公共の練習場が少ないのが課題、と強調している。

兵庫県には、東京オリンピックでメダルを狙える、女子の10代の中村貴咲選手、前田日菜選手ら有望選手が育っている。兵庫県はスケードボード先進地として、アピールできそうだ。

いま人気のトライアスロンは、ハワイ駐在の若いアメリカ海兵隊仲間の会話から誕生したし、世界的なニュースポーツとなっている、室内の大会場でコンピューターやビデオを使った各種ゲームを競うｅ（エレクトロニック）スポーツも、始まりは遊びだったが、いまでは世界中で１億人を超す競技者がいるそうだ。遊びがスポーツに進化する、その発展過程が、今後も次々と増えてきそうで面白い。

第9章

独創的なまちの魅力

85

神戸市の小、中学校は、全国でも珍しい土足OK？

神戸市内の若い父兄の間で、校舎内の土足と、体操の号令が話題になっているようだ。

神戸市立の小、中学校では、上履きがなく、教室や廊下に土足で入退出している。これは全国でも珍しいケースとか。他地域から転校して来た生徒や父兄は、「え〜。どうして？」と、戸惑い顔にも。

神戸市立の小学校は、分校も含めて１６５校、中学校は分校も含めて85校ある。小学校では、新設校の16校を除き、土足で校舎を入退出している。

神戸市教育委員会に訊ねると、話は明治時代にまで遡る。

「神戸港が開港されて、外国人居留地ができ、外国人との交流も増えて、外国文化を取り入れる風潮が強かったのではないか。港町らしく、進取の気性に富んだ神戸っ子は、何事にも新しいことに関心を寄せ、外国人の靴文化にまで及んだ、とも思える。外国人は、たとえ呉服屋にでも、靴を脱がずに出入りしていた。当時の日本人には、不思議に思えた。しかし合理的でもあった。それに神戸は狭い土地でもあり、校舎の建設にも限界がある。下駄箱をつくるスペースも限られたので、生徒にも土足での入退出を許した、という説がある」

神戸っ子の合理的で、進取の気性が活かされた。それに加えて、神戸では全国に先駆けて、１９２０年代に鉄筋コンクリート校舎化を進めたことも、影響したとも思われている。

他地域の学校では、生徒たちが雑巾を絞って、教室の床清掃をしている映像を見かけるが、神戸ではどうか。

神戸では、教職員が室外からのホコリや汚れが付かないように、床に油引きをしている。生徒たちは、教室に入るときには、よく靴の泥を落として入り、箒で床を掃いて清掃しているのだ。

同教育委員会には、特に土足利用の規定はないものの「今後はそれぞれの地域の意見などを聞いたうえで、土足がよいか上履き使用がよいかを判断したい」と語っている。ただ中には、いじめで下駄箱（靴箱）の上履きを隠されたりするケースもあるので、土足のほうがよいのでは、とも思えるし、土足では衛生面でどうか、との声も聞こえてきそうだ。

兵庫県南部地震（阪神・淡路大震災）を経験しているだけに、緊急の避難には土足のほうが都合がよい、とも思えるし、悩ましいものだ。蛇足ながら、下駄を履く習慣は薄れたので、下駄箱は最早、死語か。

また神戸の小、中学校では、体操の時間に校庭で「開け！」と号令をかけるのが、珍しい、とも言われる。通常は「体操の体形に開け！」となる、とも思えるが、果たして同教育員会では、どう指導しているのか。「体操の体形に開け！とは聞くが、特に決めていることはない」と、言っている。「開け！」の号令は、一部の学校だけなのか。

ところで最近、夏休み中の早朝体操会を見かけない。子どもたちの体操姿は、どこに行ったのか、とつい余計なことまで浮かぶ。

高級住宅地は、シーメンス事件の主役に由来？

神戸市東灘区の住吉川沿いにある、高台の高級住宅地、ヘルマンハイツ。いまは、この高台一帯が住宅地に区画されているが、かつてこの高台一帯には、ドイツ人のビクトル・ヘルマンが建てた、石造りの本格的な中世風城郭とも思える豪壮な館があったのだ。

ヘルマンは、北野坂に建つ旧トーマス邸（風見鶏の館）を設計した、ドイツ人のゲオルグ・デ・ラランデに設計を依頼し、石材をふんだんに使ったドイツ風の貴族の館にも似た屋敷を建てた。

ヘルマンは、シーメンス社の東京支店長だった。大正３（１９１４）年、大疑獄『シーメンス事件』で、当時の山本権兵衛内閣が倒れるきっかけをつくった、主役のひとりだ。

『シーメンス事件』というのは、ドイツの大手電機メーカーで、多国籍企業であるシーメンス社の東京支店の社員、カール・リヒテルが解雇された腹いせに、兵器の受注をめぐって、日本海軍将校らに多額の賄賂を贈ったことを示す書類を盗み出し、ヘルマンを恐喝した。それを拒否されると通信社に売却したが、ドイツの秘密機関がその経緯を知って、リヒテルを逮捕したことで、一連の贈収賄が明るみに出された。

このことは、日本の国会でも追及され、世論は揺れて遂に山本内閣が倒れたのだ。ただし、この疑獄には、シーメンス社だけではなく、イギリスのヴィッカース社も同様な贈収賄を行っていた。むしろヴィッカース社のほうが、贈賄額が大きく、関わった軍関係者らも多かった。

当時は、第一次世界大戦に突入する直前で、戦時色が強まり、軍備増強を急いでいた。ところが、明治から大正時代にかけて、海軍を掌握していた薩摩閥と、陸軍を掌握していた長州閥とが対立し、主導権を争っていたのだ。この間隙を縫って、長州閥が薩摩閥の山本内閣を追い詰める画策を謀った、とする向きが、後に知られるところとなった。

ヘルマンは、当初、贈収賄事件を否定していたが、遂に非を認めたので逮捕された。保釈を許されると、シーメンス社を辞して、気に入っていた神戸市の邸で大正14（1925）年まで過ごしたが、やがて家族とともに東京に移り、その後はドイツに帰国した。

神戸市の邸は売却されたが荒廃し、昭和20（1945）年の神戸空襲で大きな被害を受け、さらに荒廃が進んだ。昭和40（1965）年、住吉川沿いに住んでいた筆者は、この荒廃した館を見て、思わず感嘆した。夜にはドラキュラが出るかも、と多少の冒険心を抱えて夜中に出かけたが、幸か不幸か、ドラキュラには出会えなかった。しかし、崩れ落ちた窓から差し込む青白い月の光と、住吉川の静かな水音が奏でる夜想曲に耳を傾けるうちに、いつしか冒険心は薄れ、時間を忘れる贅沢を味わった。

その邸も昭和40年代後半には取り壊され、跡地は高級住宅地に変貌した。かつての豪奢な邸もいまはなく、旧主の名のみが残る。泉下のヘルマンは、邸の面影とともにあるのか。

87

兵庫県は、どうして日本の縮図なのか?

まずはおさらいから。兵庫県の面積は、約8400平方キロメートル。全国で12番目の広さ。ただし近畿圏では最大の面積。人口は平成30(2018)年度で548・1万人。全国で7位。因みに6位は千葉県の627万人。8位は北海道の531万人。

内閣府の統計によると、都道府県別の国内総生産額(GDP)は、平成27(2015)年度で、全国5位の20・5兆円。全国平均が11・6兆円だから、兵庫県が日本有数の県であるかを示している。

ではなぜ日本の縮図なのか。まずは地形的な観点。兵庫県は日本海と瀬戸内海・太平洋に面している、という特色がある。兵庫県のほかには山口県がそれに似ているが、明らかに日本海側の気候風土と、瀬戸内海・太平洋の気候風土を併せ持った府県は兵庫県のみと言えよう。

この地形から日本海側では、シベリアからの季節風を受けて、冬は厳しい雪国となっている。大阪や神戸からも近い六甲山スキー場(スノーパーク)や、平成30(2019)年8に国内で14年ぶりに新設された峰山高原リゾートホワイトピークなど、いくつかのスキー場がにぎわっている。

一方の瀬戸内海・太平洋側では温暖な気候を持ち、降水量が比較的少なく、夏は海水浴やマリンスポーツ、ゴルフ、温泉など多様なレジャーを楽しめる、という多面的な顔を持った地域だ。

また旧国名で言えば、摂津、播磨、丹波、但馬、淡路の五か国にまたがる広域なので、歴史や気候、風土、方言など実に多彩な面がある。

それに加えて、古代の律令制による地方行政区画に基づく五畿七道《ごきしちどう》にある、日本海側を往来する山陰道と、瀬戸内海側を往来する山陽道という交通の要衝を抑えているので、流通や人の往来には欠かせない地域でもある。

ここでいう五畿とは大和《やまと》（奈良県）、山城《やましろ》（京都府）、和泉《いずみ》（大阪府）、摂津《せっつ》（兵庫県・大阪府）、河内《かわち》（大阪府）の5か国。七道とは東海道、東山道、北陸道、山陰道、山陽道、南海道、西海道のこと。山陰道は丹波、丹後《たんご》、但馬、因幡《いなば》、伯耆《ほうき》、出雲《いずも》、石見《いわみ》、隠岐《おき》の8か国を通り、京都と周防《すおう》（山口県）を結ぶ。

また山陽道は播磨、美作《みまさか》、備前《びぜん》、備中《びっちゅう》、備後《びんご》、安芸《あき》、周防《すおう》、長門《ながと》の8か国を結んで、京都と太宰府（福岡県）を結ぶ街道だ。京都と西側諸国を日本海側と瀬戸内海側の両側から結ぶ、主要な山陰道と山陽道を擁しているのは兵庫県のみだ。

経済・産業面でも、兵庫県の産業活動指数（全産業の生産活動状況を示す指数）は、全国平均なのだ。瀬戸内海沿岸では、阪神工業地帯、播磨工業地帯があり、鉄鋼や造船などで日本の産業の基盤を支えてきたし、中部から北部にかけては、農林水産業、牧畜業が栄える、という両面性を見せている。

また近年は、全国的に人口の一極集中と地域の過疎化が叫ばれているが、兵庫県でも人口の60％程度が、阪神間に集中している。

その反面、但馬や丹波地域での過疎化が進んでいる。こうした面からも兵庫県は、日本の縮図と言われるのも頷けよう。

88

播磨町で完成した、世界最高水準の大型望遠鏡がチリへ?

宇宙への関心は高い。世界の宇宙科学研究者は、宇宙に最も近い地上から、大型で精度の高い大型望遠鏡を使って、宇宙の仕組みを解明しようと、しのぎを削っている。

中でも注目されているのが、南米、チリ北部のチャナントール山(標高5640メートル)の山頂にある、世界一高い場所の天文台『東京大学アタカマ天文台(TAO)』で観測する、世界最高水準の光赤外線大型望遠鏡『TAO望遠鏡』の完成だ。

『TAO望遠鏡』は、東京大学天文学教育研究センターが主導したもの。巨大なレンズ以外の天体望遠鏡本体の製作を担ったのが、船舶や航空機などの精密部品の切削加工技術を手がける(株)きしろ(明石市)。これまでにも、天体望遠鏡分野で実績を上げてきたのが、今回の受注につながった。平成30(2018)年に播磨工場(加古郡播磨町)で製作。東亜外業(株)東播工場(加古郡播磨町)を借りて仮組みされ、南米へと旅立ったのだ。

兵庫県内には、全国でも珍しいほど多くの天文台があり、宇宙への関心が高い地域と言えるが、産業界でも宇宙研究に携わる企業が存在していることに、関心を集めた。

世界一高い山頂の天文台のある地域は、晴天の日が多く、宇宙からの赤外線を吸収する水蒸気がほとんどないそうで、天体から発生する赤外線を観測するには、絶好のポイントとされている。

平成21(2009)年に、直径1メートルの望遠鏡で観測を始めて以来、銀河系の中心部やブラックホールの発達などを観測してきた。

今度完成した『TAO望遠鏡』は、レンズ（アメリカ製）の直径6・5メートル、高さ15メートル、総重量約200トンというビッグなもの。赤外線の観察性能では、世界最高水準という。

これにより、銀河が誕生する際に発生する光を、広範囲に観測できる。また惑星が誕生する際に、中心部付近から放出される赤外線も高解像度で観測できるので、惑星誕生の神秘も解明できそうだ。

こうした大型で高解像度を備えた天文台の建設は、各国で競争が激しくなっている。現在、世界最大の反射望遠鏡は、アメリカアリゾナ州のグラハム山国際天文台にある、直径11・9メートル。ハワイのマウナケア山にある日本の天体望遠鏡『すばる』の直径は8・2メートル。

これを上回ろうと、目下、日本、アメリカ、中国、インド、カナダの5か国が協力して、ハワイ島マウナケア山に建設中なのが、直径30メートルの超大型望遠鏡『TMT（サーティ・メーター・テレスコープ）』だ。

仮組されたTAO望遠鏡（神戸新聞社提供）

『TMT』の主鏡は、直径30メートルだが、これは一辺が72センチメートルの六角形をした分割鏡、492枚で構成する。狂いのない曲面にするのは、高度な技術を要するが、これを担当するのは日本の企業だ。

これに挑んだのが、ヨーロッパ南天文台が南米、チリに建設を計画している、直径39メートルの欧州超大型望遠鏡。一辺が1・4メートルの六角形をした分割鏡を組み合わせる、という。2024年の完成をめざし、系外惑星の大気を観測する。携わった日本企業の、高度で繊細な技術の見せ所だ。

89

佐用町のスプリング—8は、世界最高レベルの研究施設？

山道を上った先に、大きな銀色の円形状の施設がある。異空間に迷い込んだようだ。ここが佐用郡佐用町の播磨科学公園都市にある、国立研究開発法人・理化学研究所と（公財）高輝度光科学研究センターによる巨大な大型放射光研究施設『スプリング—8』。

平成3（1991）年に、日本原子力研究所（後に撤退）と理化学研究所が共同で建設に着手し、同9（1997）年に放射光の発生を確認して、運用を開始した。

この施設は、東西20キロメートル、南北5キロメートルに渡り、地下が強固な1枚岩盤の上に建設されているので耐震性が強く、24時間の運用ができることから、アメリカのアルゴンヌ国立研究所のAPS、フランスのヨーロッパ放射光研究施設のESRFと並ぶ、世界最高レベルの研究施設として注目されている。

スプリング—8とは、Super（超・超高性能の）Photon（光子・光の粒）ring（輪・円形加速器）の頭文字と、8GeV（80億電子ボルト）の略称。つまり、世界最高性能の放射光を生み出す大型の放射光施設だ。甲子園球場の約36倍、東京ドーム球場の約30倍、東京ディズニーランドの約2・8倍の141ヘクタールという広大な敷地に、全長140メートルの直線型のX線自由電子レーザー施設と、直径500メートルの円形の大型放射光施設が設置されている。

放射光（電磁波）は、高速の電子ビームを磁石で曲げると光が出る、という自然現象で、さまざまな分野でその利用が進められている。

機械音などのない、静かなこの研究施設では、まず光の速さ近くまで加速した電子ビームを曲げて、太陽の100億倍の明るさに達する放射光を発生させる。

その放射光は、62本の〝ビームライン〟と呼ばれる装置を通って、57か所の実験室に運ばれ、物質科学分野や生命科学・医学分野、環境科学分野、地球科学・宇宙科学分野、産業分野における物質や材料などを原子・分子レベルで分析、解析している。

和歌山市内の住宅地で起こった、毒物カレー事件。カレーライスの中に毒物が混入している、と騒がれたので、同施設の放射光を使った蛍光X線分析の結果、亜ヒ酸の混入を識別したことで、一般にもよく知られた。

この他にも小惑星〝イトカワ〟の微粒子の解析や、低燃費のタイヤ開発など、身近な産業分野での新製品開発などでも利用されている。

同施設を見学した際に訊ねたところ「アメリカ、中国、韓国などの海外も含め、利用する研究者や企業は、年間1万5000人にも上り、運用開始以来、累計では30万人を超えている」と、利用状況は活発と返事があった。

いまアメリカ、イギリス、スイス、スペイン、スウェーデンなど約30か所で、放射光を利用した大型の研究施設を競っている。そこで文部科学省は、スプリング―8に続いて、東北大学に機能アップした大型の次世代放射光施設の設置を計画している。最先端技術は、静かな環境で、静かに進んでいる。

90

三田藩九鬼家は、海への回帰を果たした？

古来、海を生業にした武力集団が、数多くあった。よく知られた村上水軍、松浦党、河野水軍、そして熊野水軍などが浮かぶ。

それらの水軍は、特に群雄割拠した戦国時代に、天下の覇権を競った有力武将に見込まれ助勢し、その武功によって自らも勢力を伸ばして、いつしか大名に取り立てられた。

しかし、戦国時代の主役が交代し、天下が平穏になると、いつしか彼らの影が薄くなり、時代が進むにつれて表舞台から姿を消した。

明治時代を迎えても生き延びた、かつての水軍の末裔たちは、ほとんどいない。その中で時代を的確に読み、長年の水軍の遺伝子とも言える〝海への回帰〟を果たしたのが、かつての熊野水軍、三田藩の九鬼家だった。

熊野水軍は、平安時代末期、熊野灘を望む紀伊国牟婁郡九木浦（三重県尾鷲市）で、熊野別当であった湛増《たんぞう》が水軍を率い、志摩国鳥羽を拠点に、九鬼水軍に仕立てた、と伝わっている。

九鬼水軍を大名にまでのし上げたのは、戦国時代の第8代嘉隆《よしたか》。織田信長に仕え武功を立て志摩一国を与えられて大名になった。その後も豊臣秀吉に仕えて、九州攻略や朝鮮出兵に参戦。徳川家康にも仕えて、九鬼水軍の存在を高めた。

しかし平穏な時代になると、徳川幕府は水軍の存在を恐れ、第3代家光は水軍を海から離すことにした。熊野水軍も寛永10（1633）年、久隆《ひさたか》のとき、志摩国鳥羽藩の家督相続争いを口実に、山国の摂津国有馬郡三田の三田藩と丹波国綾部藩に分割され、転封されたのだ。

海を拠り所にした九鬼水軍は、慣れない山国の生活に戸惑いながらも、いつかまた海に戻ろうと、平素から領内の川で舟を操る訓練を欠かさず、また日常は船での作業を考え、素足で過ごしたそうだ。

海から山国に移封された約240年間の積年の思いが、幕末から明治初期の激変時に一気に噴出したのが、三田藩、九鬼家だ。

その過程には、英明な藩主がいた。第10代隆国《たかくに》は好学の士で、藩士に学問を奨励した。その後を第13代隆義《たかよし》が藩政改革を行い、慶応3（1867）年、藩論で倒幕を決め、洋式軍隊を率いて官軍側に参戦。明治になると廃藩置県になり、三田藩は三田県となったがその後、兵庫県に編入され、歴史を刻んだ三田藩は消滅した。

仕えていた三田藩士の将来を考えた隆義は、藩士の蘭学者、川本幸民の紹介で面会した福沢諭吉の助言も得て、経済力を付けるために、開港した神戸で故郷の志摩と三田から採った、商社『志摩三商会』を設立。隆義は重臣の白洲退蔵、小寺泰次郎らとともに神戸に移住した。

そして神戸の近代化に大きく関わり、水害を繰り返した生田川の付替えや、神戸の街づくり、神戸女学院の創設にも関わった。

神戸港という窓口を得たことで、〝海への回帰〟が果たせた。その背景に不断の人材育成と、時代の変化を読む柔軟思考があった。

九鬼隆義（三田市蔵）

神戸市と姫路市に、日本最古の古民家がある？

世界文化遺産となった、茅葺屋根の白川郷（岐阜県大野郡白川村）や五箇山（富山県南砺市）の集落。雪を被った幻想的な雰囲気に心魅かれる国内、外の観光客。四季を問わずそうした集落に、かつての日本の原風景を重ねているのかもしれない。

古民家も古民家、日本最古級の民家を別名、千年家《せんねんや》と言うそうだ。全国的に見ると、江戸時代前期と言われる横大路家住宅（福岡県新宮町）、江戸時代中期の建物と言われる内田家住宅（兵庫県神戸市北区）、坂田家住宅（神戸市北区、火事で焼失）、明治初期の建造と言われる坂田家住宅（新潟県五泉市）、江戸時代後期の建造と言われる内田家住宅（埼玉県秩父市）などがあるが、中でも別格とも言える千年家が兵庫県にある箱木千年家（神戸市北区山田町）と古井千年家（姫路市安富町）だ。いずれも国の重要文化財に指定されている。

箱木千年家（箱木家住宅）は、室町時代に建てられた主屋（母屋）と江戸時代に建てられた離れの2棟が指定されたが、家そのものは平安時代の大同元（８０６）年に建てられたもの、と伝承されているから、まさに日本最古の家。

箱木家は代々、この地方の土豪で、戦国時代には三木城主の別所氏に仕えたが、別所氏が秀吉に滅ぼされると、庄屋となった一族。

昭和52（１９７７）年まで住居として起居していたが、付近に呑吐《どんど》ダムが建設されることになり、昭和54（１９７９）年、60メートル離れた高台に移築された。その際、それまで主屋（母屋）と離れが1棟であったのを、それぞれを別棟にした。平成17（２００５）年、使われていた松材を放射性炭素年代測定したところ、鎌倉時代に伐採されたものと判明した。

神戸市にある箱木家住宅

姫路市にある古井家住宅

外観は入母屋造りで、茅葺の非常に大きな屋根が軒先を低くしていて、昔の竪穴式住居を想像させる。移築前の主屋（母屋）は、整形六間取と言われる6部屋と土間から成っていたが、移築後は江戸時代中期以前の2棟に分離して復元された。

また古井千年家（古井家住宅）は、室町時代の末期に建てられたものだそうで、箱木千年家と同様な入母屋造り、茅葺屋根の養蚕農家だった。馬屋を入り口に備えているのも、箱木千年家に似ている。先の大戦後の農家でも、母屋に隣接して馬小屋があったので、家畜も家族同様に大事に扱われていたのだ。

古井千年家は、昭和42（１９６７）年まで、日常生活が行われていたが、昭和45（１９７０）年から同46（１９７１）年にかけて解体修理され、平成9（１９９７）年には屋根を修理して、建てた当時の姿に復元された。貴重な文化財を守るために姫路市が買い取り、千年家公園として市民の憩いの場に提供している。

ただススキの茅は、20年から30年程度の保存なので、いまのように高齢化や人口減少では、なかなか葺き替えが難しく、千年家の保存も大変。地域振興には欠かせないが、手数や経費で、悩ましいところだ。

92

日本の子午線標識が、明石市にあるのは？

子午線に対する市民の熱意が、他地域に先行して実った好例を紹介したい。

日本の標準時刻を示す子午線は、東経135度。子午線とは真北と真南を結ぶ線だ。その日本の標準時子午線は、京都府の京丹後市、福知山市、兵庫県の豊岡市、丹波市、西脇市、加東市、小野市、三木市、神戸市西区、明石市、淡路市、和歌山県の和歌山市の12市を通っている。

兵庫県の大半を占めていることから「日本の標準時刻は兵庫県にある」と言われる所以《ゆえん》でもある。中でも明石市には天文科学館があり、大きな時計が設置されていて、明石市は「時のまち・あかし」を大々的にPRしている。まるで明石市が日本の標準時間、とアピールしているようにも見える。

ではなぜ明石市がそこまでこだわるのか。そこには明石市民の強い思いが込められていた。

明治43（1910）年に、日本でいち早く最初に子午線標識を建てたからだ。子午線の意義を重視した、当時の明石市民で教育者であった、高木熊太郎ら小学校の校長らが呼びかけて寄付を募り、日本で最初の子午線標識『大日本中央標準時子午線通過標識』を現在地の近く、明石市天文町の大蔵交番（通称子午線交番）前に建てたのが始まりだった。

ただ当初に建てられた標識は、その後、元にした地形図に修正が加えられたので、昭和3（1928）年に天文測量の結果、計測し直し、少し離れた現在地に建て替えられた。

現在の標識の先端にはトンボの飾りが乗っている。これはトンボが日本を象徴する昆虫だから、という理由でつくられたそうだ。

この子午線という世界の標準時刻が世界で決められたのは、明治17（１８８４）年のこと。世界の25か国がアメリカに集まり国際子午線会議を開催したのだ。その会議では起点となる子午線0度を本子午線とすることにした。そこで本子午線をどの国にするかをめぐって、イギリスのグリニッジ天文台とフランスのパリ天文台が立候補したが、結果はイギリスのグリニッジ天文台が決まった。

グリニッジ天文台を0度の本子午線として、そこから経度が15度ずつずれると、1時間の時差ができるとした。３６０度を24時間で割れば15度で1時間になるからだ。となると日本は東経１３５度だから、イギリスとの時差は9時間になる。そこで、明治19（１８８６）年に、東経１３５度を、日本の標準時子午線と決めたのだ。

大日本中央標準時子午線通過標識（著者撮影）

明石市よりも早く、標識を建てた西脇市のように、他都市も標識やモニュメントを建てて、子午線の町をアピールしているが、明石市のほうが、広く知られている。

その背景には、明石市民の有志が、子午線の意義を認識して、他都市よりもいち早く子午線の町をアピールしたからだ。

明石市民の先見性が評価されるが、もし、グリニッジ天文台ではなく、パリ天文台に決まっていたら、明石市の思いは届かなかった。

93

西宮神社の福男は、ナゼ走るのか？

〝えべっさん〟の愛称で親しまれ、商売繁盛、金運を願う参拝者でにぎわう西宮市の西宮神社。毎年、全国から大勢の参加者が集まり、境内を駆け抜け先着を競う、福男を選ぶ神事は、国内ばかりか海外でもマスコミの話題になっている。

1月9日（宵えびす）、10日（本えびす）、11日（残り福）のうち、いわゆる〝十日えびす〟の10日、午前6時に表大門の赤門が開門されると同時に、門前に並んだ屈強な若者らが、猛スピードで230メートル先の本殿を目がけて駆け抜ける。先着3人までがその年の福男に選ばれる。

一番福にはえびす様の木像（大）、酒菰樽《こもだる》、米1俵、半被《はっぴ》、二番福にはえびす様の木像（小）、米1俵、半被、三番福にはえびす様の金像、八喜鯛（焼き鯛）、半被が贈られる。

西宮神社表大門

年々参加者が増え、毎年5000人を超すそうだが、実際に走れる人数は、先着1500人のうち抽選で258人に絞られる。抽選で最前列には108人、後列には150人が並び、合図とともに一斉に本殿に向かって走り出す。

この福男選びは、意外にも新しいのだ。一番福という言葉が新聞で報道されたのが、大正3（1914）年。

こうした走って参拝する元は、江戸時代の〝走り参り〟にあったとか、さらには鎌倉時代にまで遡る、とも言われているそうだが、確証はない。いずれにしても、えびす神を信仰する信者が、他人よりもいち早くお参りして一番福を授かろうと、自宅から神社まで必死の形相で走ったのでは、と言われている。

猛スピードで狭い境内を駆け抜け、福男を争うだけに、幾度かの不祥事が起こった。昭和40（1965）年には場所取りをめぐって乱闘事件が、また平成16（2004）年には、大阪市の消防士グループが他走者を妨害して一番福を得たことが批判され、一番福を返上する事態が起こったのだ。

あまりにも、他者を排除するような競争意識が高まってきたので、参加者や社会の批判が高まり、以後、場所取りは禁止されて、現在の抽選方式になった。この恒例の神事に水を差すつもりはさらさらないが、ナゼ猛スピードで、狭い境内を走り抜けなければならないのか、と素朴な疑問が起こる。

福男選びに自らも参加した荒川裕紀氏が、大阪大学大学院に提出した博士論文『西宮神社十日戎開門神事福男選びの人類学的研究』で、学位を取得して話題を呼んだ。この論文では、参加者がこの神事に関心を寄せるのは、都市住民が祭礼に関わることが少なくなっているからで、開門神事はそれに対応しているから、と記している。

少し立ち止まって考えると女性も参加しているが、屈強な男性ばかりが福男に選ばれることに、どうしても首を傾げてしまう。ナゼ、女性や子ども、年配者、障害者が選ばれないのか。幸運は体力自慢の男性にしかつかめないのかと。男女別にするとかの工夫があっても、とも。祭神は、障害を持った蛭児命《ひるこのみこと》に由来するとあったが。

94

西脇市が、日本のへそ?

体の中心にある〝おへそ〟。「へそで茶を沸かす」「へそ曲がり」「カミナリが鳴ったらへそを隠せ」「へそのゴマを取るとお腹が痛くなる」。そんな言葉は、いまも使われているのか?

もし、へそがなかったら、なんか締まらない体付きになるから、不思議なものだ。海外でも、へそにこだわる国がある。国の中心地、へそはこの都市だ、と自慢げにしている。

もちろん、日本にもある。そこは西脇市だ。西脇市が、日本のへそにあたる位置にあることに気付いたのは、大正8（１９１９）年のこと。それも外部の専門家から指摘されたからだ。

多可郡で開かれた、小学校教師の研修会に招かれた、当時の東京高等師範学校（筑波大学）教師の肥後盛熊から、西脇市の加古川に架かる、津万村と比延庄村を結ぶ橋の上流にある左岸の河川敷が、日本の中心地になる、と指摘され場内はざわめいたそうだ。

それまでまったく予想もしていなかった話に、市民が驚いたのも想像できる。日本の中心地とは、経度と緯度で割り出したものだ。

つまり経度で言えば、日本の標準時は、東経１３５度にある地域。緯度では北端（北海道・稚内市沖合）が46度、南端（沖縄・波照間島）が24度なので、その中間は北緯35度になる。その交差する地点が、まさに西脇市にある、と言うのだ。

大正12（１９２３）年、旧陸軍参謀本部陸地測量部が計測した結果に基づいて、指摘された河川敷に、『東経百三十五度北緯三十五度交叉點海抜六十三米標識』の標柱が建てられた。また近くの加古川に架かる橋は、緯度橋と名付けられた。

しかしその後、残念ながらこの日本のへそ、という認識は忘れられた。昭和52（１９７７）年、市制25周年を迎えたときに、ふるさとを大々的にアピールしようと考え、日本のへそ、を宣言したのだ。

その翌年には、北海道のへそを標榜していた富良野市と友好都市を結び、さらに昭和58（１９８３）年には、交差地点を含み岡之山公園を拡張して、日本へそ公園と改め、美術館や、国内最大級の81センチメートルの大型反射望遠鏡を備えた天文台、プラネタリウムなどが設置され、各種イベントも開催。

昭和60（１９８５）年、公園内に加古川線の〝日本へそ公園駅〟が開業した。ユニークな駅名は、世界中でもここだけ。また平成９（１９９７）年からは、全国で、「へそ」「中心」「重心」などをアピールする、北海道から沖縄までの８自治体と〝全国へそのまち協議会〟を結成して、地域振興や相互交流を深めている。

さらには韓国のへそを標榜する江原道楊口郡との相互訪問や、古代に世界の中心を示した〝へそ石〟のあるギリシャ・デルフィとも友好関係を結ぶなど、へそ外交を活発化している。

特産品として、日本のへそゴマの栽培にも力を入れている。つい「へ～そうなの」と、口に出そうだ。

日本へそ公園駅

95

めでたいとされる松が、高砂市にある？

若い男女が、人生の門出を祝う結婚式。いまは、昔からの神前式や仏式は薄れがちで、ホテルやチャペル、おしゃれなレストランハウス、イベント会場などでの結婚式など、実に多様化している。

祝いの披露宴で、友人や親しい人たちが祝福のスピーチや歌などを披露するスタイルは、従来とさほど変わっていないが、最近、ほとんど見かけなくなったのは、昔風の祝いの歌だ。

年配の方ならご記憶があるかと思うが、昔は必ずと言っていいほど婚礼の席で唄われたのが、謡曲『高砂』だ。

「高砂や　この浦舟に帆を上げて　この浦舟に帆を上げて　月もろともに　出汐《いでしお》の　波の淡路の島影や　遠く鳴尾の沖過ぎて　はやすみのえに着きにけり　はやすみのえに着きにけり・・・」

金屏風を背にして、上座に紋付、羽織袴姿の新郎と、文金高島田に結い上げ、打掛姿の新婦が座り、親戚縁者の者がふたりの門出を祝い朗々と唄うと、会場のざわめきが止み、厳かな気分が漂う。

ここで唄われているのは、高砂市の高砂神社に植えられている高砂の松と、大阪市の住吉大社に植えられている住吉の松なのだ。

この二本の松は〝相生の松〟と昔から伝わっている。松の生命力と強い精気にあやかり夫婦和合、長寿を願う、と言われている。

相生の松とは、雄株と雌株の松が寄り添って生えているが、まるで一本の松のように見えるものや、黒松と赤松が一本の根から生えた松を言う。

高砂神社にある5代目の「相生の松」（著者撮影）

こうした珍しい相生の松は、山形県南陽市、群馬県桐生市などにもあるそうだが、全国でも有名なのが、高砂神社の〝相生の松〟。なにしろ謡曲にまで唄われ、能狂言にまでなって、昔から親しまれてきたのだから。

高砂神社の〝相生の松〟には、尉《じょう》と姥《うば》という伝説が残っている。その言い伝えとはこうだ。昔、熊本の阿蘇に住んでいた神主の友成が上京の途中、白砂青松で知られた高砂にやって来たところ、箒《ほうき》を手にした姥（老婆）と、熊手を手にした尉（老爺）と出会った。

姥は高砂神社に植えられていた、一本の根から雌株が左右に枝分かれをした松の精。尉は住吉大社の松の精。

ふたりの松の精は、〝相生の松〟と言われている。姥と尉は、場所は離れていても夫婦が寄り添う大切さを伝えた、という。姥の箒で掃き清めて、尉の熊手で福を集める、という縁起を表わしている。

この伝説を基に、室町時代の能楽者で観世流の後継者、世阿弥が謡曲『高砂』として能狂言の代表作に完成させた。

静寂な高砂神社を歩くと、5代目の松が目に入る。金網越しに覗くと、枯死した立派な3代目の松が、大切に保存されている。

こうした故事に因んで、高砂市はブライダル都市を宣言しているが、どう謡曲『高砂』を伝えるのか、知恵の見せどころではある。

96

全国でも珍しい、4猿が守る養父市の三重塔とは？

「見ざる」「聞かざる」「言わざる」。いわゆる3猿に因んだ戒めだ。「自分に都合の悪いことや、人の欠点、過ちなどは見ない、聞かない、言わないほうがよい」という教えだ。

それを表現したのが、目を両手で覆ったり、両手で口を押えたり、また両手で耳を押えたりした3匹の猿の彫刻。有名なのが、日光東照宮（栃木県）にある左甚五郎作と伝わる3匹の猿の彫刻。

この3猿の由来は、日本だけではなくアメリカ、ヨーロッパ、アフリカ、アジアなど世界各国にあり、その教えは共通している。

たとえばインド。3猿はヒンドゥー教の神、ヴィシュヌ神に仕えたヴァナラ（猿族）とも言われているようだし、イタリア・ジェノバには3猿の置物があるそうだ。またアメリカの教会では「猥雑なものを見ない」「性的な噂を聞かない」「嘘や卑猥なことを言わない」と諭している。

こうした3猿の教えは、どこから日本に伝わったのかは不明だが、8世紀ごろ中国に留学していた学僧が伝えたのでは、とも言われている。その説では、中国の道教による庚申信仰があったのでは、というものだ。猿は山の神の使いと信じられている。

一般的に3猿はよく知られているが、日本で唯一、4猿の彫り物を守り神とした三重塔がある。しかも三重塔としては、標高760メートルという、日本一高い場所にあるのだ。それが養父市に聳える、標高1139メートルの妙見山にある名草《なぐさ》神社の三重塔。

この三重塔は、高さが23・9メートル、一辺が4・6メートル。屋根は薄い杉板を何枚にも重ねた〝こけら葺き〟。その三層目の軒下に、お目当ての4匹の猿の彫り物が置かれている。

その4匹の猿は、「見ざる」「聞かざる」「言わざる」に加えて、なぜか左手を左頬に当てて考えているように見えることから「思わざる」とも呼ばれている。大事なことは、「思わざる」を守れば、三つの猿の教えは守られる、とされている。

孔子の教えでも「見るな」「聞くな」「言うな」「するな（両手で股間をふさぐ、性的なことの戒め）」と言うのがある。

この三重塔は明治37（1904）年、国宝に指定された後、現在は国指定重要文化財に指定されているが、元々は出雲大社にあったもの。江戸時代に出雲大社の大改修で、本殿の用材として養父市の妙見杉のご神木を提供した。その返礼として寛文5（1665）年に船で運ばれ、再建されたのだ。

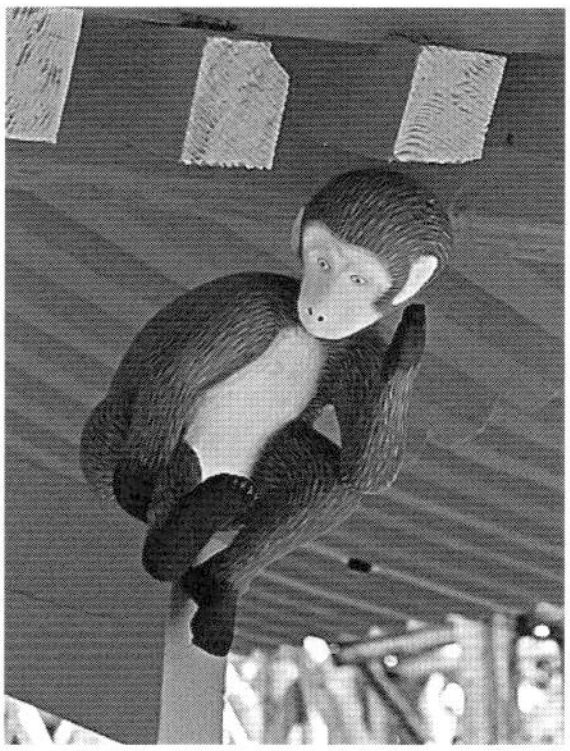

名草神社三重塔にいる「思わざる」
（養父市教育委員会提供）

養父市の妙見山は、相馬妙見（福島県）、八代妙見（熊本県）と並ぶ妙見（北辰、北斗）信仰の霊地。霊地だけあって巨木が多く、樹齢が長く全国でも有名。

ただ3猿の教えにも秩父神社（埼玉県）の3猿〝お元気3猿〟と呼ばれるものもある。目や耳、口を手で覆わない3匹の猿は、「よく見て、よく聞いて、よく話す」という行動的な猿の彫り物があるのも興味深い。

97

赤穂市の旧上水道は、日本三大上水道の一つ？

赤穂市と言えば、赤穂浪士の〝忠臣蔵〟と、天然塩の産地としてよく知られる。実はもう一つ、忘れてならないのが、400年以上も前の慶長19（1614）年から3年間をかけてつくられた上水道だ。

徳川家康が、天正18（1590）年、治水家の大久保藤五郎に命じて、小石川目白台下の河流を神田方面に通した、日本最古となる東京都の神田上水道、元和8（1622）年に福山藩主、水野勝成《みずのかつなり》が整備させた広島県福山上水道と並ぶ、日本三大上水道なのだ。各戸給水という画期的な事業は、先進国のイギリスよりも一歩先を行くものだった。当時の赤穂は、池田家が藩主の姫路藩の所領。赤穂城は海岸に近かったので、城下町は海水が湧いて、飲み水に適しなかった。そこで藩主の池田利隆《いけだとしたか》は、赤穂郡代の垂水半左エ門勝重《たるみはんざえもんかつしげ》に命じて、領内を流れる千種川《ちくさがわ》の水を城下に引き入れるように命じ、3年の月日をかけて元和2（1616）年に完成させたものだ。

赤穂藩旧上水道の碑

この一大プロジェクトに挑んだ垂水は、取水口に川が山にぶつかる場所として、切山隧道《きりやまずいどう》を掘削し、旧赤穂城までの約7キロメートルに導水路を設けた。日本で最古の水道トンネルだ。導水路は、途中で二つの水路に分けられた。

一つは飲料水の水路で、もう一つは汚れてもよい農業用水としての水路だ。この場所は『戸島枡《とじまます》』と呼ばれ、一方は城下町に、もう一方は城下の西の戸島新田に運ばれた。戸島枡から城下に向かう水は、『百々呂屋裏大枡《ももろやおおます》』に流れ、そこで水量調整とゴミを沈澱させ、そこからは地下を通って、城下町の各戸に給水された。全長約30キロメートルに渡ったそうだ。この時代に城内ばかりか、城下の町家にまで各戸に給水したことは、注目に値する。しかも途中の水路では、牛馬の通行を禁じられ、水質を守った。侍屋敷や町家への給水を経て、水は大手門の堀下につくられた水道管を通じて、城内へと給水された。サイフォンの原理を利用したのだ。

城内に汲み上げられた水は、三之丸、二之丸、本丸へと給水され、藩主の御殿や広大な庭園にも利用された。城下の町家では、網の目のように張りめぐらされた給水管からの水を、汲み出し枡に引き入れ、それを汲み上げて使った。いまも当時の汲み出し枡が残されている。

当初の上水道は、その後、取水口を高雄船渡《たかおふなと》へと移し、さらに新田開発による水の供給を必要としたため、木津《きづ》へと移した。

この旧水道は、実に昭和19（１９４４）年に近代的な上水道が完成するまで、市民生活に寄与した。いまも赤穂の旧上水道跡が、随所に残されている。

日本の上水道の普及率は、厚生労働省の統計では97・9％。１００％のスイス、デンマーク、スウェーデン、アメリカ、カナダなどには多少及ばない。

蛇口をひねって、水道水を安心して飲める国は、日本を含めて15か国しかない。水道水は当たり前と思いがちだが、水を大切にした４００年前の先人に、思いを新たにしたい。

98

三木市にある、世界最大規模のE―ディフェンスって何?

〝地震列島〟と揶揄《やゆ》される日本。平成7(1995)年の兵庫県南部地震(阪神・淡路大震災、マグニチュード7・3、震度7)、平成16(2004)年の新潟県中越地震(マグニチュード6・8、震度7)、平成23(2011)年の東北地方太平洋沖地震(東日本大震災、マグニチュード9・0、震度7)、平成28(2016)年の熊本地震(マグニチュード7・3、震度7)、平成30(2018)年の大阪府北部地震(マグニチュード6・1、震度6弱)、北海道胆振東部地震(マグニチュード6・7、震度7)、と立て続けに巨大地震が襲った。

多くの人命を失い、多数の被災者を生み、大きな経済損失を被り、傷跡を残している。そしてまた、近い将来に起こると予想されているのが〝東海・東南海・南海地震〟。南海トラフが引き起こす同時発生の連動型巨大地震だ。それによる被害は、想像を絶するものになる、と専門家がマスメディアなどで論じていて、人々の不安感は高まる一方だ。

大地震に建造物は、どのように対応できるのか。特に近年は、都市部での高層建築物が増えているので、その耐震性などに関心を寄せるのは当然とも言えよう。

構造物の耐震性を実験する施設が、兵庫県立三木防災公園内(三木市)にある国立研究開発法人・防災科学技術研究所兵庫耐震工学研究センターの大規模実験施設『E―ディフェンス』。世界最大規模の耐震実験施設だ。EとはＥａｒｔｈ(地球)から名付けられた。

同施設は、兵庫県南部地震(阪神・淡路大震災)の発生をきっかけに、都市部を中心とした地震災害をどう軽減するのかを総合的に研究するための拠点として、平成17（２００５）年、兵庫県南部地震（阪神・淡路大震災）の被災地に完成したもの。

施設のメインとなる実験棟の面積は約５２００平方メートル。同施設では、実物大の構造物を、実際に破壊にいたるまでに振動させて、その過程を科学的に分析、記録して壊れない構造物をどう設計するかを求めている。

そのため、実際の地震と同じ複雑な三次元の揺れをつくる振動台（縦15×横20メートル）の上に、最大１２００トンという大きな構造試験体を載せて、兵庫県南部地震を上回る振動を起こし、破壊性状を記録、分析している。振動台を動かす加振機は、水平X方向に5台、同Y方向に5台、垂直方向に14台を備えている。世界最高の性能を発揮するのだ。

これまでの大きな地震を再現できるほか、それ以上の強い地震波形も作り出して、振動台上で実物大の構造物の破壊を実現できる。これにより、一般的な戸建住宅や鉄筋コンクリートづくりの6階建てビル、高層建築物を想定した長周期振動による破壊実験を行うことができる。

また、地盤モデルを使って液状化を起こし、木造住宅の耐震技術を開発したり、橋梁の新しい補強技術の開発、危険物貯蔵タンクなどの産業施設が地震時にどう挙動するかを検証するなど、実物大の構造物を使っての実験は、これまでにない成果を上げているようだ。

近年、世界的に起こっている、予測不能な自然災害の大きさに、人類はどこまで対応できるのか。世界最大規模と言われる、最新設備の同施設に寄せる期待は大きいのでは。

99

加西市の地球儀時計は、世界最大規模？

水時計（漏刻《ろうこく》）、日時計、花時計、砂時計、からくり時計、線香時計などさまざまな形の時計がある。それだけ人類は、古来、時間という概念に、密接に関わってきた。

時間へのこだわりを、さまざまな形で現した時計。加西市の丸山総合公園（海抜１１０メートル）の展望台にある、直径5メートル、総重量14トンという世界最大規模の地球儀時計もその一つだ。

この地球儀時計は、平成20（２００８）年に設置されたもので、世界最大規模の地球儀時計として、ギネスブックにも登録されている。

水時計は、古代より使われたもので、小穴のあいた容器から流出する水の量で、時刻を測る。日時計は地球の自転と太陽光の影の位置で時間を知る。ただ、晴天、昼間にしか利用できない。砂時計は、透明な中空の管に入れた、砂の規則的な落下を観測して、時間を知る。一定の時間を知るタイマーとしての役割になる。からくり時計は、時間になるとからくり人形が現われる。線香時計は、線香の燃え尽きる長さで、作業時間などを知る。

加西市の地球儀時計

では世界最大規模の地球儀時計はどうか。それは地球の自転を応用したものなのだ。巨大な地球儀に陸地と海面を色分けしてある。そこに世界の主要都市と、加西市の姉妹都市のプルマン市（アメリカ・ワシントン州）も記されている。

また当然ながら赤道と子午線、日付変更線もある。現実の地球自転に合わせて、地球儀は自転軸を公転面に対して、約23・4度傾けて回転させているのだ。

その駆動方法は、電動モーターを回転させ、減速機で速度調整して24時間に1回転させる構造になっている。タイムリミットスイッチで、連続運転させることもでき、自動で修正しながら回転させている。1日に3回、メロディーを流して時報を流している。

地球の自転方向は、西から東に向かっているので、その方向に回転させている。左側に日本列島が見えたら、日本の日の出になる。地球は太陽の周りを楕円軌道しているので、天球上の太陽の運行は一定していない。そこで平均太陽日《たいようじつ》を24等分して、平均太陽時を求め、その最小目盛を分としている。平均太陽日とは、平均太陽（天の赤道上を1太陽光年で1周する仮想太陽）が南中（子午線通過の1種）してから次の南中までの時間。平均太陽時とは、平均太陽の時角（天体が日周運動で子午線を通過した後に進行した角度）に12時を加えたものだ。

各種の野外の時計は、人々の関心を呼ぶのだろう。単に時間を知るだけではなく、形状や見る人の目も楽しませる効果があるようだ。

からくり時計は、ドイツやスイスなど中世の街並みが残るヨーロッパでも、歴史的なものが多く、観光客も立ち止まって、人形が現われるのを見ている。筆者もスイス・ベルン、ドイツ・ローテンブルグの中世都市で、見事なからくり時計に、つい見入ってしまった。形を工夫して、人々を楽しませてくれる。

100

尼崎市は兵庫県だが、生活は大阪圏？

兵庫県南東部の尼崎市は、県下で4番目の規模となる、人口45万人を超す兵庫県の中核都市。隣の大阪市とは、神崎川《かんざきがわ》（旧三国川）、左門殿川《さもんどがわ》を渡れば直ぐの距離。

そうした地理的背景があるせいか、関西以外の人からは、「尼崎って大阪じゃないの」と言われたり、尼崎市民のアンケートでも、大阪への帰属意識が高いとか、「生活圏、経済圏、文化圏は大阪になっている」と語る市民も多いようだ。交通機関の利用を見ても、大阪市に近いのだ。

たとえばＪＲと阪神電車で比較しても、ＪＲ尼崎駅～大阪駅間は7分、阪神電車尼崎駅～梅田駅間は８分、ＪＲ尼崎駅～三ノ宮駅間は15分間、阪神電車尼崎駅～神戸三宮駅間が25分間と倍以上の差がある。この距離感は、日常生活に影響を与えるのでは。

また尼崎市が、大阪市と勘違いをさせるのが、電話の市外局番だ。ＮＴＴの前身の日本電信電話公社が、電話の普及に伴い、全国のネットワークを整備する際、大阪には「０６」、兵庫県には「０７」が割り当てられた。尼崎市も当然「０７」となるはずが、なぜか尼崎市だけが「０６」になったのだ。

これには、新しい産業が勃興《ぼっこう》した明治時代に直面した尼崎市の特殊な事情を背景に、大阪の経済人と尼崎市内の地主や、廃藩置県で疲弊した旧尼崎藩の士族らが、尼崎市に設立した企業が関わっていたからだ。

それが明治32（１８９９）年、大阪の実業家、広岡信五郎《ひろおかしんごろう》が中心となって設立された尼崎紡績（現ユニチカ）だ。同社の取引先は、大阪が中心だった。大阪との連絡に電話を利用しようとしたが、当時は大阪までしか電話線が通じていなかったので、同社は自費で大阪と尼崎間を布設してもらうことになった。

時代は進んで昭和29（１９５４）年、兵庫県にも市外局番が割り当てられることになった際、同社と尼崎市、尼崎商工会議所は、工事費の一部を負担する代わりに、大阪と同じ「０６」の市外局番を陳情した。

そこで日本電信電話公社は、２億円余の電信電話債券を引き受けることを条件に了承したので、大阪と同じ市外局番になった、という経緯がある。

これによって尼崎市は、市外通話の約６割を占めていた大阪市内との通話料金が、それまでの１通話14円から７円に半減され、尼崎市の経済、産業界に大きな利益を与えた。

その後の尼崎は、戦後の経済復興の波に乗り、大阪都市圏の産業構造を特徴とした、重化学工業を中心とする、日本有数の阪神工業地帯の一角を担う〝工都〟として繁栄した。

近世には、大阪と尼崎とは密接な関係にあったようで、研究家によると「鎌倉期の絵図には、市内の大覚寺の門前に、市庭《いちば》という表記があり、商人の町、大阪の起源ではないか」と言う。

大阪市では、昭和16（１９４１）年に打ち出した市域拡張構想に、尼崎市を含めていた。もし実現していれば、尼崎市は大阪市の一部になっていたかもしれない。

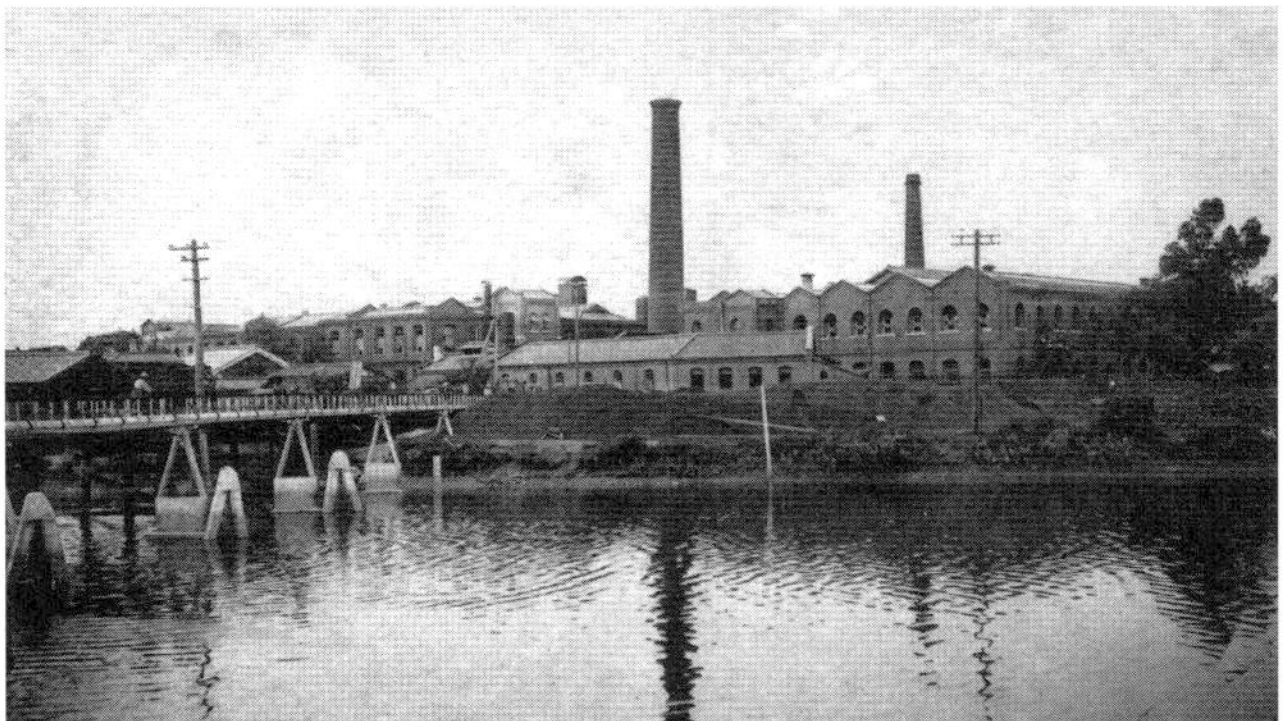

かつて尼崎にあった大日本紡績（尼崎紡績から改称）の工場

参考文献（順不同）

『神戸雑学１００選』（金治勉、先﨑仁共著　神戸新聞総合出版センター）
『アメノヒボコ　天日槍』（瀬戸谷晧、石原由美子、宮本範熙共著　神戸新聞総合出版センター）
『兵庫「地理・地名・地図」の謎』（先﨑仁監修　実業之日本社）
『顔の無い神々』（井沢元彦著　スコラ）
『県民だよりひょうご』（兵庫県）
『白村江』（荒山徹著　ＰＨＰ研究所）
『敗者の古代史』（森浩一著　中経出版）
『石宝殿　古代史の謎を解く』（真壁忠彦・真壁葭子著　神戸新聞総合出版センター）
『播磨町文化遺産散策マップ』（播磨町郷土資料館）
『KAKO ― Style（かこスタイル）』（ＮＰＯ法人シミンズシーズ）
『但馬の百科事典』（公益財団法人たんしん地域振興基金）
『法道仙人をめぐる信仰とその造形』（田中夕子著　印度學仏教學研究第四十九巻第二号）
『法道仙人と陰陽師』（林正治著）
『西国巡礼の寺』（三浦美佐子・小川光三共著　保育社）
『灯台はそそる』（不動まゆう著　光文社）
『日本科学技術の旅』（君川治著　ネット）
『古代官道関連遺跡調査報告書』（加地宏朗著　兵庫県教育委員会・県考古博物館資料）
『兵庫史の謎』（春木一夫著　神戸新聞総合出版センター）
『聖徳太子はいなかった』古代日本史の謎を解く（石渡信一郎著　三一書房）
『国史跡播州葡萄園跡』（稲美町教育委員会）

『東海道線物語　青木槐三の人物で見る鉄道史2』（青木槐三著）
『西国街道の古寺と史跡を訪ねて』（明石シニアカレッジ・ふれあい漫歩グループ）
『源氏物語と須磨』（須磨観光協会）
『伊丹郷町物語』（真鍋禎男著　伊丹市）
『東京遷都の経緯及びその後の首都機能移転論等』（一般財団法人日本開発構想機構）
『西宮神社十日戎開門神事福男選びの人類学的研究』（荒川裕紀著　大阪大学大学院博士学位申請論文）
『検証神戸事件』（根本克夫著　創芸出版）
『徳川道　西国往還付替道』（神戸市）
読売新聞
日本経済新聞
毎日新聞

（ウェブサイト）
宮内庁
文部科学省
経済産業省近畿経済局
神戸市
西脇市
姫路市
養父市
三木市
赤穂市
加西市

尼崎市
三木市観光協会
龍野商工会議所
兵庫県手延素麺協同組合
(公財) 姫路・西はりま地場産業センター
兵庫県杞柳製品協同組合
兵庫県鞄工業組合
『九鬼水軍の三田と神戸』(岡本洋著)
『フリークライミングの歴史と系譜—高度化と大衆化の視点から—』(早稲田大学大学院修士論文　目次容子著)
きのさき温泉観光協会
ブリタニカ国際大百科事典デジタル大辞泉
『研ぎ澄まされた彫物・名工・左甚五郎伝説』
小豆島オリーブランド社
城崎温泉観光協会
兵庫県立西はりま天文台
日本公開天文台協会
(株) きしろ
スプリング—8
(株) 吹き戻しの里
独立行政法人・防災科学技術研究所
炭酸ラボ
三ツ矢サイダー
一般社団法人・全国清涼飲料工業会

神戸開港150年記念事業実行委員会
Wikipedia
兵庫県家具組合連合会
神戸市家具青年部会
（株）タツミ
（有）加茂瓦工業
『日本とユダヤのハーモニー』（中島尚彦著）
丹波篠山観光協会
ヤマタケ
伊丹市観光物産協会
図説尼崎の歴史
産経新聞
食品新聞
北國新聞社電子版
神戸新聞
神戸新聞 NEXT
日経電子版
月刊神戸っ子
週刊東洋経済

著者略歴

先﨑　仁（せんざき　ひとし）
パラオ諸島コロール島生まれ　神奈川県横浜市出身
大学卒業後、全国紙の経済部記者、経済誌編集部長、会社経営兼出版社
共同経営取締役編集長、産能大学セミナー講師、公益財団法人事務局長
などを経て、現在、ジャーナリスト。兵庫県明石市在住

（著書・共著含む）
『流体を科学する』（日本工業新聞社）
『大阪の大疑問』（扶桑社）
『神戸雑学100選』（神戸新聞総合出版センター）
『兵庫地理・地名・地図の謎』（監修・実業之日本社）
他社史執筆

ひょうご雑学《ざつがく》100選《せん》
五国《ごこく》の魅力《みりょく》
～摂津《せっつ》・播磨《はりま》・丹波《たんば》・但馬《たじま》・淡路《あわじ》～

2019年4月10日　第1刷発行

著者　先﨑《せんざき》　仁《ひとし》

編集　のじぎく文庫
発行者　吉村一男
発行所　神戸新聞総合出版センター
〒650-0044　神戸市中央区東川崎町 1-5-7
TEL　078-362-7140　FAX　078-361-7552

印刷　神戸新聞総合印刷
デザイン　正垣　修

ISBN978-4-343-01040-7　C0036